JN292130

ビジネスパーソンのための

自由と自己規律

Freedom & Self-Discipline

金児 昭
Akira Kaneko

税務経理協会

はじめに

人間は他の動物と同じように、世界中でいちばん自分がかわいくて、自由を求める生き物だと思います。その人間が構成している組織は、やはり自由をとても大切にします。

ところが、相次ぐ企業不祥事、議員や官僚のお金の問題。そして米国発のサブプライムローンの証券化商品問題によって引き起こされた世界的な株価暴落と経済不況――この米ミクロ経済（学的）問題がマクロ経済（学）※にも襲いかかった。

ここ数年、こうした事態に遭遇するたびに、私は五〇年以上前の中学生のとき以来、何十回も読み返した一冊の本を思い出しました。慶應義塾大学の池田潔先生の書かれた『自由と規律』（岩波新書）です。

この本には、英国パブリックスクールの集団生活での自由な精神と行動の後ろに、厳しく温かい規律の精神と行動があることが書かれていました。池田先生の実体験をもとに書かれた本でした。

私は、この本に書かれた池田先生の青春時代にあこがれ、心の底からうらやましく思ったものでした。そして、「自由と規律」という、相反する二つのことばに一人酔い、大切さのウエイトは、「自由一で、規律一、すなわち半々である」と勝手に思い込みました。さらに、池田先生のこの本を読んだことで、自分は他の人よりも多少は優れた自由人、規律人になれたと思ってきました。これが、大きな間違いでした。

「池田先生の書かれている規律とは、『自己規律』のことではないか……」

そのことに思い至ったのは、二〇〇七年春に、世界が米国サブプライムローンの証券化問題に直面したときでした。

本文の中でも触れましたが、米サブプライムローン問題を起こしたのは、「お金だけを大事にする、自由一〇、自己規律〇《ゼロ》の人たちとその評価者の誤りである」と気がついたのです。

人間は誰でも自分がいちばんかわいいものです。そして、いつも一〇の自由を求めます。そこに自由主義の根源があります。それは決して非難されるべきことでもないし、実際、悪いことではありません。

とんでもない回数の接待ゴルフを受けたお役人も、文科省の研究補助金のなかから数百万円の投資信託を買っていた世界的化学者も、自分のかわいがり方が足りなかったのだ、と思います。不祥事を従業員のせいにしてしまう社長は、まったく自分のかわいがり方が足りない典型例です。

自分をかわいがるなら、徹底的にかわいがらなければなりません。中途半端なかわいがり方は自らの身を滅ぼします。これは、個人についても、その個人が属する組織にもあてはまります。自由一〇の中で自己規律一が働かなかったために、社会から非難されるような行動をとってしまうのです。

自由一〇の中には、一の自己規律が必要です。そして、その九の自由で自分を徹底的にかわいがらなければなりません。

本書は、自由と自己規律について、私の実体験をもとに書きました。

私自身、ビジネスパーソン人生三八年の中で、人に言えないようなよくないことをたくさんしてきました。意思の弱さから、楽な道にばかり走ることもありました。自分を極限までかわいがる力が不足していた私が、いま実感しているのは、「自分を徹底的にかわいがる自由九の大事さ」と「自由九を守るための規律一の大事さ」です。

本書が、ビジネスパーソンが幸せな人生を送るためのお役に少しでも立てば、こんなに嬉しいことはありません。

※　ミクロ経済学は、会社（生産者）や家庭（消費者）などの個々の経済を分析する学問で、微視的経済学ともいう。また、マクロ経済学は、雇用・失業率・国民所得・インフレーションなどの社会全体の経済を分析する学問で、巨視的経済学ともいう。

二〇〇八年三月

金児《かねこ》　昭《あきら》

目次

第二章　人としてもっと自由であるために

第三章　会社組織で強く優しく生きぬくために

目　次

第五章 「経理・財務」（会計）は人を幸せにするためにある

第七章　自由(九)で自己規律(一)ある生活を送りたい

『自由と自己規律』

Freedom & Self-Discipline

【神聖ローマ帝国】

第一章　自分を徹底的にかわいがる

◆◆誰でも自分がいちばん大事

自由であるということは、すばらしいことです。

人間は誰でも、自分がいちばんかわいいものです。私は自分自身をあまり好きではありませんが、それでも他の誰よりも自分といちばん気が合うし、いくら「他人のことを考えよう」と思っても、自分のことをいちばんに考えてしまいます。

自分勝手に生きて、自分勝手に仕事をして、自由を満喫しようとすることは、本来、正しいのです。私はまず、そのことを認めることが大事だと思います。

誰だって、お腹がすけば食べたいと思います。それは人間の本能です。死にそうなくらいお腹がすいていたら、泥棒をしてでも食べたいと思う。そうした気持ちを持たない人なんて、いないのです。

ただし、自分がかわいい＝他人のことは関係ない、ということではありません。徹底的に自分を大事にしていれば、また、徹底的に自分が自由であろうとすれば、そこから「親が大事」とか、「お客さまを大事にしよう」とか、「ルールを守ろう」といった気持ちが少しずつ出てくるのです。

たとえば、地震が起こったとき、最初に考えるのは自分の身の安全です。実際、私がそうです。事務所で一人仕事をしていてガタガタと大きな地震がきたとき、家族のことなど、一切、頭に浮かびませんでした。自分の安全が確かめられたとき、初めてその他もろもろのことを考える余裕が生まれてきます。このことを、いろいろな人に聞いてみると、ほとんどの人が自分もそうだと答えます。

人間は誰でも、九九・九九パーセント自分がかわいいし、残りの〇・〇一パーセントも自分がかわいい。そこに、資本主義社会、自由主義社会の基があるのです。

◆◆自己規律とは自分に課すもの

自分に優しく、他人に厳しいというのも、また人間の本性です。だから、私も自分のことは棚に上げて、他人を批判します。

この棚に上げる力は、年齢を重ねるごとにどんどん強くなります。私も過去の自分のよくない行動や経験に蓋をしながら生きてきましたが、その蓋の閉め方がますますうまくなり、自分を棚に上げて他人のことばかり言ってしまいます。

総理大臣になるような人でも、政治資金問題などで自分に火の粉が降りかかってきたときは口を閉ざしているのに、のどもとを過ぎれば、閣議で「規律が大事だ」と言ってしまいます。

学者もそうです。法律の大事さを熱心に説いている人が、約束の時間にいつも遅れてきたり、あやしげな接待の席にいそいそと出かけて行ったりします。

テレビのニュース番組なども同じです。他社や他人の不祥事は、正義の番人のように攻撃しますが、自社で不祥事が起こったとき、それを同じように取り上げるところはありません。

でも、それはあとから考えることで、みんな自分のことは棚に上げて、他人に対しては規律を強制したいのです。これが私の言う「棚上げ力」です。

しかし、「自己規律」（これは私の造語です）とは、他人から課されるものではなく、自分で課すべきものである、と私は考えています。何も聖人君主であれ、と言っているわけではありません。

自分を本当にかわいがって、「自分のため」を心底考えれば、そこに行き着くのです。それを、私は多くの先輩方から教わってきました。

何でもそうですが、他人から言われてやるのは、あまり気持ちがよいものではありません。どうしても、受け身になってしまいます。

まずは、自己規律が先にある。そこから、始まるのがよいと思うのです。

太古の昔から、自然の法則に従って、生きていくために人間は群れをなしてきました。狩をして、食事をつくり、子をなし、老いていく。そのために出来上がってきた、守らなければならないもの。自己規律とは、そうしたものです。

それは、自分が生きていくための知恵そのもの、と考えたいのです。

◆◆自己を律するのは法律ではない

親子、夫婦、それから友達、先輩後輩、お得意さま、競争相手など、いろいろな人の中で生きていくとき、自然に、「これはやっぱりやるとすばらしい」とか、「これはやっちゃいけないことだ」とか、「これはやらなければならないけれど、この程度にしておくべきだ」というものが必ずあります。

それを守っていけば、たいていのことはうまくいくし、大きな間違いをすることはありません。これは全部、「自分のため」です。

法律家の方々は、法律が大事だ、法律が自己を律するとおっしゃいます。確かに法律は大事ですが、それはいちばん最後にあるものです。

自己規律が十分に働いていれば、法律なんて本当は必要ありません。たとえば、日本では「訪問販売法」で夜の訪問を禁じていますが、イギリスにはそうした法律はないそうです。法律がなくても問題が起こらない社会と、そうでない社会とでは、果たしてどちらがよい社会でしょうか。

私は、法律によく使われている「〜してはならない」とか「〜しなければならない」ということばが、あまり好きではありません。

会計（経理・財務）にもルールがたくさんあります。公平に競争していくためには、ルールはもちろん必要です。同じルールで利益が計算され、同じルールで決算書がつくらなければ、会社の力を正しく測ったり、比較することはできません。それは投資家にとっては不可欠なことですし、自社をよりよくしていくためにも必要です。

しかし、「〜してはならない」とか「〜しなければならない」ということばは、「会社は悪いことをするものだ」「人間（ひと）は悪いことをするものだ」と決め付けられているような気がして、あまりいい気分がしません。私だけでなく、性悪説に基づいて、がんじがらめにされることを、望む人はいないと思います。

◆◆「私はコストである」ことを知る

当然、借りたお金は返さなければならないし、会社は利益を上げて税金を払わなければなりません。それは、法律に書いてあるからではなくて、借りたお金を返さなければ信用を失って次から借りることができなくなるし、何年も税金を払えないような会社はやがて潰れてしまうからです。

一円の利益を上げるのは、本当に大変です。とくにビジネスパーソンで、売上から総コストを引いた一円の利益を上げることの大変さを体験していない人を私はあまり信用しません。逆に言えば、総理大臣はじめすべての日本人に、私はこれを体験していただきたいのです。

私はいつもお話するのですが、一円の利益を上げるということは、従業員の給料や買入れる品物の支払やさまざまな経費を払った残りから税金を支払って、一円余るだけのお金をお得意さまからいただいてきているのです。これにはすごい苦労が伴います。

学生でも、議員でも、学者でも、利益を上げることの大変さをわかっていれば、のほほんとはしていられなくなります。外からお金をいただいてくることの大変さがわかると同時に、社長も総理大臣も役所の窓口の人も、誰でもみんなが、外からいただいてきたお金で賄われている「コスト」の一部だとわかれば、一円のお金を無駄にできなくなります。一秒の時間でも大事にしようと思えてきます。

議員もお役人も、すべての国民とお店と会社からいただいてきた「税金という売上」の大変さを本当にわかるべきです。税金を売上と考えれば、国民はお客様です。税金を払ったときに「ありがとうございました」という感謝のことばの一つでも出てきそうなものですが、総理大臣や日本中の議員はもちろんのこと、財務大臣、国税庁長官、国税局長、税務署長、税務職員の方から、そうしたことば（自己規律）を聞いたことはありません。

私たちはコストであって、お客さまからいただいてきたお金で賄われていると思えると、感謝する気持ちが一〇〇倍ぐらい強くなります。

◆◆給料をもらうのは当たり前？

一人の人間が会社から給料をもらってきます。その給料をもらってきた人が、もらってきた給料でいろいろなものを買ったり、貯めたお金で投資をしたりします。①給料をもらう人は従業員ですが、②ものを買う人は需要家だし、③投資する人は投資家です。冷蔵庫を買う人（どこかの会社の従業員）は電機会社にとってのお得意さまだし、自動車を買う人は自動車会社のお得意さまです。自社の株を買ってくれた人は、株主です。

このように一人の人間は、三つの役割をもっています。このときいちばん大事なことは、ものを買ったり、株を買う元手となるお金、つまり、自分の給料は、会社のコストであると知ることです。

考えてみれば当然のことなのですが、これがなかなかわかりません。給料はもらって当然のものと思いがちなのです。実際、私もそんなことを本気で考え始めたのは、六十歳になろうかというころでした。それまでは、給料というものはほとんど自動的にもらえるもの、だと思っていました。熱を出して寝ていたってもらえるのですから。

会社は、本当は働きもしない人にお金は払いたくないのです。これは資本主義の会社としては当然のことです。そうでなければ、会社は利益を上げられなくなり、潰れてしまいます。お給料が入ってくるのは、決して当然の権利でも、当たり前のことでもないのです。

今月もらえた給料は、外からいただいてきたありがたいお金の一部であり、今日、昼ごはんを食べることができるのも、住宅ローンを払っていけるのも、ぜんぶ会社の収入（お得意さまへの売上）で得たお金から払われているのです。

◆三十五歳になったら自分のコストを意識する

お金を稼いでくる大変さがわかると、コストとしての給料のすばらしさ、ありがたさがわかります。これに気がつくと、感謝する力、自分を律する力がついてきます。私がこのことをしっかり気づいたのは五十歳になる少し前のころでしたが、三十五歳くらいになったら、ぜひ「自分はコストである」と意識していただきたいと思います。

間違いなく世のすべての「できる人」は、このことを熟知しています。

私がはじめて本を出版したときのことです。ビジネスマンの身分で出版するのですから、会社の許可が必要だと思い、私は二人の上司の許可をとったあと、当時の社長に相談にいきました。社長は次のように言いました。

「それはすばらしい。ぜひ、お書きなさい。ただし、原稿を書くのは休日に限ること。平日は、たとえ夜でも原稿を書いてはなりません。そして、いただいた原稿料でその本を自分で買ってお世話になった方々にさしあげなさい」

平日はたとえ夜中であろうと会社が給料を払っているのだから、原稿執筆という個人の時間に費やしてはならない。そして、本を出版すると嫉妬を買うから、原稿料は残らずその本を買うことに使ってしまって自分の手元に一円も残さない。そして、いままで以上に必死で働くように。

このことを条件に、私は本を出版するという「自由」を許可されたのです。利益を上げることの厳しさを知らしめ、私の給料を会社のコストの一部として捉えた、優しくも厳しい社長の教えでした。

◆◆自由と自己規律の割合は九対一くらいがちょうどいい

では、自由と自己規律のバランスはどの程度がよいのでしょうか。私は、自由が九、自己規律が一くらいがちょうどいいと思います。

前述のように私は利益を上げる厳しさを体験していない人を、あまり評価できません。規律一〇〇パーセントの性悪説に基づいた法律は、そうした体験をしていない人たちから出てきます。

世の中は自由主義でできています。法律でできているわけではありません。本当は一〇ぜんぶ自分がかわいいのだけれども、一つくらいは自分をかわいがらないことも必要、と考えます。

実は、九対一の一でも自己規律が多すぎるくらいだと、私は思っています。自由というのは、いろいろあります。のんびりするのも自由ですが、人に拘束されない自由、枠をはめられない自由などいろいろあります。

そうした自由があるということは、とてもありがたいことです。いまの日本では、当たり前になってしまって、自由であることの幸せを感じることが少ないのです。海外でいろいろな国を見てくると、いまの日本がどれほど自由で、そこに暮らす私たちがどれほど幸せかがわかります。

九の自由のすばらしさを知るために必要なのが、一の自己規律なのです。

◆◆教育的指導で自己規律の基礎をつける

人間はもともと一〇の自由を求めます。だから、一の自己規律や九の自由の大事さは子どものころ、親に叱られながら身につけていかねばなりません。二歳から五歳くらいまでの間の教育が大事だと言われるのは、そこでこれが結構決まってくるからです。とはいえ、自分の子どもになるとこれがなかなか難しいのです。

私も、そのことの大事さが真にわかったのは、孫ができてからです。

私は遅くに生まれた子どもで、十九歳で父親を、二十歳で母親を亡くしたので、十八歳離れた長兄が父親代わりのように私を育ててくれました。

私は大学受験に二度失敗していますが、二浪目の決定的な原因は囲碁でした。囲碁に凝ってしまって、夜寝るときも天井に碁石が浮かんでくるような始末でした。貧しい家庭状況の中で、大学を受験させてもらって、浪人までさせてもらっているのに、私はまったく自己規律のかけらもないような生活を送っていたのです。

あるとき、十二歳はなれたすぐ上の次兄は、私の首根っこを押さえつけて柱に頭をガンガン打ちつけながら叱責しました。

「勉強もせず囲碁ばかりやって！　年取った親に心配かけて、お前はなんだ！」

自覚のまったくない私は、心の中で「そんなことして頭が壊れたらどうするんだ」と思いながら耐えていました。一回や二回ではありません。次兄のこの「教育的指導」は一〇回にも及びました。

しかし、一〇回目に柱に打ちつけられた日の夜、天井に碁石は浮かんでこなかったのです。柱に打ちつけられて頭は痛かったけれども、その程度で頭は壊れない。確かに、浪人の最中に囲碁に凝るのはよくない。そう考えたとき、私は囲碁を頭から追い払って勉強に方向転換できたのです。

いまでも、私はこの長兄と次兄にとても感謝しています。

◆時には自分を棚に上げることも大事

教育的指導を下すとき、必要なのが先にも述べた「自分を棚に上げる力」すなわち「棚上げ力」です。私の頭を柱に打ちつけた次兄も、完全に自分を棚に上げていました。暴力を振るっているのですから。いま、学校でこんなことをしたら、逮捕されてしまいます。弟だから許されるので、棚に上げていたのです。

しかし、時と場合によって、この「自分を棚に上げる」のはものすごく大事なのです。

たとえば、会社で上司が部下に訓示をするとき、自分を棚に上げなければ話なんかできっこありません。性格がいい人でも、その性格のよさは棚に上げなければなりません。あたかも自分は性格がよくないような振りをして話さなければならないのですから、それも大変です。

本当にできる上司になると、「逆棚上げ」というのをやってしまいます。たとえば、上司と三人でレストランに食事に行ったとします。挨拶に来たシェフに、「何がいまお勧めですか」と上司が尋ねると、シェフは「しめた！」と思って普段の小遣いではとても食べられないようなごちそうを勧めます。そうすると、「シェフの方が言うんだから、これを頼みなさい」と、私たちに勧めてきます。メニューを見ると、高そうだし、ボリュームも多そうなので、二人でいったん断っても、徹底的に勧めるのです。仕方ないので、そのお勧めのものに決めます。

そのとたんに、「私はサンドイッチ」なんて言うのです。

それは、すばらしい手口です。自分ではなく相手を棚に上げて、ある種叱責しながら、「あなた方の知恵じゃだめ。料理については、プロがおいしいって言っているんだから承知しなさいよ」と言うのです。池の鯉を追いつめるように追いつめて注文させておいて、「私はサンドイッチ」です。これも、自己規律の一つです。

こうした「棚上げ力」を見せられると、おいしいものが食べられて嬉しいと思う反面、「とても、かなわない」と思ってしまうのでした。

第二章　人としてもっと自由であるために

◆一の自己規律で九の自由が大きくなる

前章で、「自由と自己規律の比率は九対一がちょうどいい」と述べましたが、一の自己規律がなければ、九の自由はありません。

自己規律の一はなるべく小さくしたいが、一がなくて九が先にあるのは、人間《ひと》としては失格です。「一の自己規律があるから九の自由があるのだ」とみんなが思って、一の自己規律を働かせるのです。

これは、はじめに述べたことと、矛盾するように思われるかもしれません。すべて自由だという気持ちが正しいと思いながら、そこで一の自己規律を考える自分がいる。そして、一の自己規律があるから九の自由があるのだと考えるようにしてみる。それだけでも、違ってきます。一の自己規律によって、小さな一〇の自由が、もっと大きな九になっていく、と考えるとよいかもしれません。

もっと大きな九の自由を得るための、自己規律一について考えてみましょう。

◆◆公私のけじめをつける

私がまだ若かったころ、経理部長からこっぴどく叱られたことがありました。会社に常備してある切手を貼って、会社の仕事用半分、私用半分のはがきを出してしまったのです。当時はがき代は二〇円か三〇円だったと思いますが、見咎《とが》められ、呼びつけられて、「とんでもない話だ！」とコテンパンに叱られました。

祝儀袋や不祝儀袋も同様です。「一〇〇円なり、一五〇円なり、必ずその額を袋に入れておけ」と、厳重注意を受けました。

会社のお金で買ってあるものを個人が使わせてもらうときは、一〇円でも、一〇〇円でも、個人で使うことは許されませんでした。

「切手一枚くらい」と考えてしまうのは、利益を上げることの大変さを本当にはわかっていないからです。

公私のけじめというのは、小さなことですが難しいことです。

お客さまを接待したとき、帰り際にお客さまにおみやげをさしあげることがあります。これももちろん会社の経費です。そのとき、ちゃっかり自分の分までもらって帰るような人（上司）がいます。これは、私は自己規律がないと思います。部下におみやげをあげるのは、いいのです。「君たちはおれの部下だから、おれの権限の範囲でやるぞ」と言えば、遅くまで接待で気をつかっていた部下も喜びます。そこまでにしておくのが、自己規律です。

来社いただいた方と、お昼をご一緒することもあります。

私がまだ経理部の係長のころの話です。午前中、ご指導をいただいた公認会計士の方とお昼をご一緒しようというので、上司に許可を願い出ましたが、上司の返事はノーでした。

「その必要はない。昨日、私がご馳走しているから今日は自分で食べてもらえ」

これは、私に対する教育的指導の意味もあったのだと思いますが、半分は上司の権限を見せて威張ったのだと思います。三十歳を過ぎたころだったので、「なるほど上司という人は、こういうことも考えるのだな」と思ったものでした。

◆時間に遅れると損をする

「時間に遅れるととっても損ですよ。待つほうが、待たせるよりも得をします」

私は、よく若い人たちにこうしたお話をします。

時間に遅れたら、会ったとたん、「大変、申し訳ありませんでした」とお詫びから始めなければなりません。遅れた理由が電車の遅延のような不可抗力の事態であっても、どこかいいわけめいて、待たせた相手に対して後ろめたい気持ちになってしまいます。

待たされたほうは、たとえ三分でも、五分でも、イライラして腹立たしく思います。実は、若いころの私がそうでした。時間に遅れてきた相手のことは、「決して許せない」とまで、思ったものです。

生来の気の小ささもあってか、必ず約束の五分前には到着できるようにしてきました。大事な約束で、電車が止まっても遅れないようになどと考えると、ときには約束の時間の三〇分も前に到着してしまうこともありました。

でも、「待つほうが待たされるよりも得をする」というのは本当です。私は、これまでの人生で何度もそんな経験をしてきました。

三十代のころ、あるお役所に審査の届出に何度も出向いたことがありました。約束の時間に出向くたびに、必ず一〇分とか、長いときは一時間も待たされました。私が行くたびに、担当者はいつも急用に追われていたようなのです。私は何十分待たされそうでも、必ず約束の五分前に到着して、廊下の長椅子に腰掛けてじーっと待っていました。

そのうち私は、長く待つとわかると、「しめた」と思うようになりました。待てば待つほど、ほんの少しですが審査がスムーズにいくことに気づいたからです。このことがあってから、私は待つことが苦にならなくなりました。

人間は自分の意に反して相手を待たせると、どこか後ろめたい気持ちになって、少しだけ相手に優しくなるのです。

「待つことも悪くない。待てば待つほど得をする」と考えるようになったとき、時間に遅れることは本当に損だとわかったのです。

◆できない約束はしない

時間もそうですが、約束を守るために大事なことは、「できない約束はしない」ことです。

「約束」は、私たちが日常生活の中でいちばんたくさん使うルールです。毎日、いろいろなレベルの約束をして、それを守りながら生きています。最低限守らなければならないものですから、できることを考えて約束すべきです。

お願いされたことを、何でも「わかりました。やらせていただきます」と安請け合いすると、全部できなくなってしまって、みんなに迷惑をかけます。たとえ相手が気をつかって、「お忙しいから仕方ないですね」と言ってくれたとしても、そうしたことばに甘えてはならないのです。

だから、約束という日常のルールを守るためには、時には断ることも必要です。たとえば、借りたお金を返す、というのは絶対に守らなければならない約束です。この約束が守れないと、非常に悲惨なことになってしまいます。

とくに友人間では、お金の貸し借りは厳禁です。

とはいえ、大事な友人から頼まれると、断るのはなかなか難しいものです。断れないようなら、お金を貸すのではなく、少額のお金をあげてしまったほうがいい。これを私は上司に教わりました。

「友達がお金を借りに来たら絶対に貸しちゃいけない。その代わり必ず、当面の小遣い程度のなにがしかのお金をあげなさい」、と。

三十代のころ、会社に友人が訪ねてきて、お金を貸してほしいと頼まれたことがありました。困り果てた私は上司に相談しました。その上司は、「大事な友人なんだろう。出してあげなさい」と言います。しかし、私の通帳には、友人にあげるほどのお金はありません。

すると、その上司は、「私が保証人になるから、会社の共済会からお金を借りなさい」と言います。そして、お金は立て替えておくからと、自分の財布から三万円を取り出しました。そのお金を持って、私は別室で待っている友人のところに行きました。そして、「僕には貸す力はないから」と言って、私はそのお金を友人にあげたのです。会社から借りた三万円は、三年分割して返済しました。

これは、ルールの一歩手前にある知恵でしょう。自分の力の範囲の外まで自分の力を発揮してはならない。こうした知恵は法律には決して書いてありませんが、大事なことを教わったと、いまでも上司に感謝しています。

◆威張りたいと思ったら一ひねりする

人に威張られて、いい気持ちになる人はいません。他人の不幸は蜜の味だけど、他人の幸福はどこか妬《ねた》ましいものです。

わかってはいても、威張りたいのが人間の本性です。ならば、やり方を変えて、一ひねりして威張ればいい。私は密かにそう思うようになりました。

私が「公認会計士試験の二次試験に三度も落ちっぱなしで、会計士の資格を持っていない」ことをはじめて公にしたのは、公認会計士の試験委員に選ばれ、金融制度調査会の公聴会で話をしたときでした。

自分の失敗や弱みを見せるのは、勇気がいります。このことを公にする前、私は部下たちを集めて、「公認会計士の試験に落ちっぱなしだと話そうと思うが、どうか？」と聞いてみました。気持ちは固まっていたのですが、まずは部下たちに話し、その反応を確かめておきたかったのです。

部下たちは、私が三十歳のころ、三回続けて公認会計士試験に落ちたのを聞いて驚き、とても嬉しそうでした。

「ぜひ、話してください」

「いいと思います！」

部下たちは、こぞって賛成してくれました。

「やはり、他人の失敗談を人は喜ぶのだ」と、私は意を強くしました。

公聴会が終わった後、私が披露した失敗談に配慮して、事務局の人が次のように声をかけてくれました。

「今日のお話は、ホームページにアップされるのですが、差しさわりのある部分はカットいたしますが」

「差しさわりのある話は何もありません。どうぞ、全部載せてください」

私はそうお答えしました。

ホームページに講演録が載るや、私のところに次々と電話やハガキが舞い込みました。

「私も試験に落ちっぱなしです」

「共感しました」

「ファンになりました」

どれもこれも、私の失敗談に拍手をしてくれるものばかりでした。このことがあって、「やっぱり、人の不幸は蜜の味なのだ」と、私は確信しました。

威張るときも、見栄を張るときも、「やはり金児さんは不幸な目にあっているな」ということが、どこかに出ていれば、聞いた相手は決して不快になることなく、むしろ気持ちよくなってしまうのです。

自分の弱点をオープンにすることも、一つの自己規律です。

◆◆立場だけで威張ってはならない

あからさまに威張って、瞬間的にうまくいくことはあります。そんなときは、一〇〇パーセント気持ちがいい。

だけど、人間関係は勝負ではありません。勝ち負けではないのです。威張って瞬間的に勝ったと優越感に浸っても、それが長い目で見て災いすることはたくさんあります。長い目で見れば、威張らないほうが絶対に得です。

特に、地位だけで威張るのは問題です。上に立つ人が威張ろうと思ったら、つねに率先垂範で、誰よりもやってみせることです。これが、できる人は強い。どれだけ威張っても、周りは何も言えません。そういう人は、毎日が勝負です。

部下の前では徹底的に威張っていても、お客さまの前では、つねに腰を低く、相手が係長でも、社長でも、その態度は全く変わりません。

部下をコテンパンにやっつけても、お客さまには、「当社の製品を買って、それを加工して作るあなたの会社の製品を、こういうふうに売れば、あなたの会社は儲かりますよ。だから当社の製品を買ってください」と、実に丁寧にわかりやすく説明します。そういう姿をやって見せられると、部下は「参りました」と心の中で頭を下げざるを得ません。

本当に実力のある、ごく限られたできる人は、こうした勝負を毎日続けていくことができますが、私のような人間は勝負はたまにしかできません。

だから、弱みや失敗を見せながら、一ひねりの威張りを考えるのです。

◆仕事ができるより「口がかたい」ほうが大事

「仕事ができることよりも、口がかたいほうがずっと大事です」

これは、私が最も尊敬する上司から受けた教えです。私は、このことばに飛びつきました。仕事の実力を高めるのはとても難しいことですが、口をかたくすることは、私にもできそうだと思ったからです。

そして、いま、七〇年間生きてきて、この教えは絶対的に正しいとつくづく思います。

秘密を守るということだけでなく、あからさまにしないほうがよい、言わないほうがよいことは、世の中にたくさんあります。

仕事ができて口が軽い人は、私から見れば山ほどいます。世の中、そうした人のほうが多いくらいです。しかし、いくら仕事ができても口が軽い人は信用されないし、しばしば余計な面倒を引き起こします。しかも、そのことに本人が気づかないこともよくあるのです。

仕事ができなくて口が軽いのでは救いようがありませんから、仕事ができなかったらなおさら口をかたくしたほうがいい。

そうして私は、口をかたくする練習を始めました。

まず、絶対に言いたくない、言えない個人としての秘密を、一切言わないと決心します。私も決心して言わないものがいくつかあります。大きなものだけで一〇ぐらいあります。それは、言うべきことでもないし、決して言いません。

この練習をしておくと、共通の秘密についても、つい言いたくなる気持ちを抑えられるようになります。

ただし、個人的な秘密は別として、たとえば、仕事上の秘密などを自分の中だけに押し込めて、誰一人にも明かさないでいると病気になってしまいます。これは比喩ではなく、本当にストレスが高じて具合が悪くなってしまうのです。

そうならないためには、秘密を明かしても絶対大丈夫な人を、一人か二人つくっておくことです。ここで話せる相手とは、親友とかではありません。口のかたい、絶対に信用できる人です。

親友というのは逆に危ないのです。ついつい心を開いてしまって余計なことを話してしまいがちだし、その親友が本当に口がかたいとは限りませんから。

販売、製造、研究、そして経理や人事、どんな部署やポジションにいても、会社で仕事をしていれば、明かせない秘密をもっています。

私が幸いだったのは、そうした秘密を話せる相手がいたことです。この人は私よりも人格が上、能力も上、頭のよさも上、その上に、口がかたいことはもっと上でした。私よりも七歳年下でしたが、本当に尊敬できる人です。

こういう人がいてくれると、部長の悪口も仕事の愚痴も共有できます。口のかたさは抜群ですから、他に情報が流れる心配はありません。

やはり、口のかたさは、いちばん大事なのです。

◆まじめは文句のつけようがない

ビジネスで大事なことは、①正確、②迅速、③誠実です。三番目の誠実の基本となるものは、「まじめ」です。

まじめ一本やりの人は、「バカまじめ」などと言ってばかにされることがあるかもしれませんが、文句をつけられることは絶対にありません。「お前はまじめすぎて面白くない」と言われることはあっても、「まじめすぎてけしからん」と言う人はいないのです。

私は若いころ、いつも怒鳴りつけられていた上司から、一度だけとても褒められたことがあります。

経理関係の印刷会社から、お中元にタオルケットが送られてきたときのことです。私はどうしてよいかわからず、そのタオルケットを上司のところに持っていきました。

そのとき上司は、私に向かって、「おまえはまじめだなあ。まったく仕事ができないのと同じにまじめだなあ」と言ったのです。「仕事ができない程度にまじめだ」というのは、どういう意味かはわかりませんでしたが、「いいからもらっておけ」と言われ、私はそのタオルケットをいただくことにしました。

何カ月か後に、他の人からこの上司が次のように話していたことを聞きました。「金児はかわいいんだよ。タオルケット一つもらっていいかどうかを聞きにきた」

このことばを聞いて私は舞い上がりました。こういう風に回りまわって耳に入った褒めことばは、本当に嬉しいものです。そのときの嬉しさは、いまでも忘れられません。

この一件以来、内心では、もらうことを一〇〇パーセント決意しながらも、何回も「もらっていいでしょうか」と聞きにいきました。

ときには私の決意に反して、「それはまずいんじゃないか」と言われて返さなければならないこともありました。がっかりしながらも、「なるほど、こういうときは返さなければならないんだな」と、その都度、学習させてもらえたのです。せっかく送っていただいたものをお返しするのは、申しわけないような気がするものです。しかし、相手にとっては「贈った」という行為そのものが重要なのです。

社長から、ある新聞社の記者が一生懸命やってくれるから「お礼にお中元を贈っておいてくれ」という指示を受けたときの話です。

「その新聞社はかたくて、贈っても戻ってきます。前に贈ったことがあるのですが、まじめで受け取りません」

私はそう社長に進言したのですが、それでも社長は、「やってみなければわからない。とにかく贈っておくように」と言います。

私は、指示通りお中元を贈りましたが、案の定、相手は受けとらず、戻ってきました。

「やはり、戻ってきました」

私は少し胸を張って、報告に行きました。

「いいんだよ。贈るという行動を起こしたんだから。少し送料はかかったけど、戻ってくるかもしれないから贈らないというのとでは大違いだ。贈ったことで誠意を見せることができたのだから」

ちなみにこの新聞社は、記者たちは小さな贈り物も受け取らず返すようにと教育しておきながら、トップが、当時、贈収賄事件として政財界を騒がせた主《ぬし》から未公開株を受けとっていたことが後に判明しました。

なんともひどい話です。率先垂範がまったくなっていない、情けないトップの見本のような話です。

人間（ひと）は、上に立てば立つほど、十分に気をつけて、身ぎれいにしなければなりません。高いところにいる人ほど、多くの人が下から見ています。

社長は、すべての社員、そしてすべての株主、さらに、すべてのお客さまに見られています。総理大臣になれば、すべての国民が見ています。そして、私たちは、見たことは簡単には忘れません。

自分を本当に大事にするトップは、このことをよーく知っているのです。

◆ホワイトライは許される

ウソをついてはいけないと、私たちは小さなころから教わります。

「正直であることはいいことだ」と、私もずーっと思っていました。

しかし、あるとき社長から次のように言われました。

「金児君はまじめでウソをつかないけれど、ときどきはウソをついたほうがいいですよ。人生はウソをつかなくては生きていけません。三割くらいはウソをつくことが大事だと思います」

社長が言うのは、「ホワイトライを上手に使いなさい」ということです。

ホワイトライとは、「白いウソ」つまり「善意のウソ」のことです。これに対して、普通の自分の保身のためにつくウソは「ライ」「ブラックライ」です。

この話を聞いて、私はいろいろ試してみました。

本心で思っていなくても、褒められると人は喜びます。一〇のうち三くらいホワイトライを言うと、ずいぶんと人間関係がよくなり、場が和らぐのです。

日本語で「ウソも方便」ということばがありますが、ホワイトライはどんどん積極的に使うといいと思います。

相手はてきめんに喜びます。

ホワイトライは、気づかれないようにと、気を回す必要はありません。開けっぴろげに褒めていいのです。

たまに、すごくおだてられて、歯が浮くどころか入れ歯になってしまうようなお世辞を言われても、言われたほうは気持ちがよく、満足なのです。

◆◆たまには相手のことも重んじる

「相手の話をよく聴く」のは、とても大事なことです。

しかし、これを実行するのはとても難しい。私も若いころから、いまに至るまで、できていないことの一つです。

「自分が三話したら、相手の話を七聴く。そのくらいの気持ちでいるといいですよ」

これは、尊敬する上司から、教えてもらったことです。

実際、人の話を延々と聞き続けるのは苦痛です。とくに、自慢話となればなおさらです。自分がそういう目にあったときは、「自分は少し、人の話を聴くことを重んじよう」とか、「自分は、自慢話をあからさまにしないようにしよう」というふうに考えるチャンスです。

「だけど、自分は」と考えることが、自分を高める第一歩になります。

しかし、これはとても難しいことですが……。

◆お金をバカにしてはならない

生きていくために、お金は絶対に必要です。なくてはならないものです。生きていくだけのお金は、なにがなんでも自分で稼がなければなりません。これは、子どものころからしっかりと教育したほうがいい。

子どものころから株式投資の教育が必要だと言われますが、ファイナンス（財務）や株式投資などは、ほんの小さな枝葉のようなものです。

最低限、自分が食べていくだけのお金は自分で稼がなければならない。そして、大人になったら、病気になって働けなくなったときに備えて蓄えをしておく。大事なことは、それだけです。

お金ほど大事なものはない、とは言えませんが、「お金をバカにしてはならない」ことだけは、しっかりと子どもたちに伝えなければなりません。だから、一円たりとも、無駄にするところを見せてはならないし、実際、無駄にしてはなりません。それには、お金を稼ぐことの大事さ、大変さを、子どものころから体験させることでしょう。

単にケチになれというのではありません。

「よい本だったら五万円出しても買っていい。しかし、役立たずの本は五〇〇円でも買ってはならない」

これは、私が最も尊敬する社長が、よく言っていたことばです。役に立つ五万円は無駄ではないが、役立たずの五〇〇円は無駄なのです。このメリハリが大事です。

この社長に、「確定申告の税額控除の書類が入っているから、ついでのときに税理士に渡しておいてほしい」と、頼まれたことがありました。税理士の人が開いた書類を見て私はたまげました。なんと、二三七円の医療費控除だったのです。払いすぎた二三七円の税金を、戻してもらうという姿勢を見て、「さすが社長だ」と思いました。

一円六七銭の税引き前利益を上げれば、六七銭の税金を払って、一円残ります。

これが経営です。一円の利益を上げられることは、人件費というコストを会社が自力で賄っているのです。一円の純利益を上げ続けられている限り、人をリストラする必要はないわけです。

一円の純利益を上げるということは、納税義務を果たして、雇用を守るという基本に合っているのです。

二三七円の医療費控除も、一円六七銭の税引き前利益も大事なお金です。これを大した金額ではないと思うと、会社も個人の生活も緩んでしまいます。

一円を大事にする自己規律が、会社や人生をうまくやっていく基本です。

第三章　会社組織で強く優しく生きぬくために

◆実力のある人、品格のある人

実力と品格というのは、あわせもてれば鬼に金棒ですが、そんな人は世の中にほとんどいません。

会社の中で、実力のある人とは、どんな人でしょうか。

率先垂範して会社の外からお金をもらってくる人、もしくは、たとえば販売の人を気持ちよく働かせて、外からお金をもらってくるようにさせる力がある人。そうした人が、実力ある人です。

そうした実力のある人が人事権を行使するならいいのですが、実力もないのに人事権だけで威張ろうとする人は危ないと、私は思います。

上司というものは、そもそも嫌なものですが、「尊敬できる」上司はいました。その上司は、人事権だけで人を使うことは決してしませんでした。人事権だけで人を使う人は、当然品格はないし、本当の実力もない人です。そういう人は、信用できません。

では、品格のある人とはどんな人でしょうか。

品格のある人なんてほとんどいないし、品格の本を書く人は必ずしも品格がない、と私は思っています。が、幸か不幸か本当に品格があると思える上司に長年仕えてきました。

黙ってニコニコと笑って褒めながら叱り、上手に人を働かせます。ご自身は山林持ちの大変な資産家でしたが、自分のお金も会社のお金も、一円たりとも無駄に使わない。お客さまに贈り物をするときは、同じ一万円でどれだけ喜んでもらえるかを真剣に考えます。

単に品格があるだけではなくて、お金の使いどころをしっかりとわきまえています。ニューヨークに出張したとき、美術館にお供したことがありました。おみやげ物のコーナーで、金色の高そうなブローチを四つ買っていました。

「家族へのみやげです。あなたも一つ買ってはどうですか。奥さんに喜ばれますよ」と、言われた私は、「そんな高いもの、うちの家内には」と即答しました。

すると、「あなた意外とケチなんですね。では、私がプレゼントします。女性はなにもおみやげがないと寂しいものですから」と、高そうなブローチを買ってくれたのです。後で、恐縮しながら金額を聞くと、なんと一個三〇〇〇円。重みといい、輝きといい、私には純金に見えたのですが、金メッキだったのです。

「誰もわかりませんから、言っちゃダメですよ」

こうしたとき、私は「かなわない」と思わずにはいられませんでした。

一見、品格とは相反することのようですが、家内に「本当のことを言わない」ことも、ときには大事なのだと、私はこの上司に教わりました。

率先垂範して、人一倍実行して、結果を残している人は、どんなに威張って、わがままを言っても、周囲は「仕方ない」と大目に見てくれます。しかし、これを永遠に続けていくことは、凡人にはまずできません。

実力を高めることと、品格を磨くことのどちらが難しいかと言えば、実力を高めるほうが数百倍難しいと私は思います。

実力を高めるには、もって生まれた資質も必要です。資質に恵まれた天才も、最大の努力をしなければ、最高の結果を得られません。しかし、品格は、努力すれば、誰でも〝品格のあるフリをする〟ことはできます。もちろん、本物の品格には到底及ばないのですが。

◆上司の命令は絶対である

私はビジネスマン時代、一〇〇人近くの上司に直接に仕えましたが、どの上司も気に入りませんでした。そもそも、上司というのは、すべて気に入らないものだと私は思っています。

どんなに気に入らない上司でも、会社という組織の中にあっては、上司の命令は絶対です。ですから、どれほど気に入らない上司でも、言われたことはそのとおりにやったほうがいいのです。

ただし、心の中では何を思おうと自由です。だから口にも顔にも出さず、心の中だけで「コノヤロウ！」と思う訓練をします。

若いころは「理不尽とも思えることば」を受けると、「なんで自分が」といった屈辱感が先に立ちます。そして、それが顔や態度に出てしまいがちです。しかし、不思議なことに、どんなに気に入らない上司の命令でも、我慢して聞いていると、けっこう実力がつくものなのです。これは後からわかることで、そのときはカッカするばかりです。

心の中でなら、どんなに悪態をついてもかまいません。だけど表面上は上司にはペコペコしておくのがよいのです。これが、「金児のペコペコ哲学」です。

あってはならないことですが、上司から法律にふれそうな指示を受けたときはどうすればいいでしょうか。

法律違反にならないという確信がもてないときは、いったん「これは法律違反になるんじゃないでしょうか」と言ったほうがいいと思います。そして、「何年何月何日、これは法律違反になるんじゃないでしょうかと私は言った」と日記に書いておきます。人には言わず、自分だけの「マル秘」です。

部下としてできることは、それだけです。

何年か前、上場企業の役員の方が、私を訪ねて、「トップとケンカしたいのですが、どうすればいいでしょうか」という相談を受けたことがあります。私は、次のようにお話ししました。

「それは、やめたほうがいいです。上司には、ペコペコしたほうがいい。あなたの上司には、社長、副社長、専務の三人の方がいるようですが、彼らはあなたの人事権を握っています。そんな人にケンカを仕掛けるなんて言語道断です。だから、これからは毎日家庭に早く帰って奥さんを大事にして、子どもと一緒に日曜日はおにぎりを持って、朝早くからハイキングに行くといいです。会社ではいかにも仕事を一生懸命しているようなふりして過ごしなさい」

こうお話しして半年後、再びその人が訪ねてきました。

「社長、副社長、専務の三人が退社しました。ありがとうございました。おっしゃるとおりにして本当によかった」

こういうことは、めずらしいことではありません。

過度の正義感をもって、自分のクビをかけて上司と一戦交えても、部下に勝ち目はありません。そのときは、自分を自分で褒めていい気持ちになっても、自分がクビになってしまっては元も子もないのです。

◆ビジネスに接待は必要

世の中では、まるで接待は〝悪〟のように思われているフシがありますが、接待はビジネスに限らず人間関係の大事な潤滑油です。

人間、いい気持ちにさせられるほど楽しいことはありません。中でもとびきり気持ちいいのは、褒められたときです。私は、接待とはなんらかの意味で、褒められ褒めることだと思っています。

もちろん、お酒を飲むのが好きな人はお酒を飲めば嬉しいし、音楽の好きな人は自分の好きなミュージシャンのコンサートに行くのが嬉しいものです。けれど、接待の大元にあるのは、「褒められる」ことです。これは、絶対に必要です。

ウソでも褒められると人は嬉しくなります。私もたまに家内に向かって「今日は、やけにきれいだなぁ」なんて言ってみることがあります。これも、ある意味、ホワイトライを含んだ接待です。

こんなことばを口にするのは恥ずかしいように思いますが、恥ずかしいのは一瞬です。言ってしまえばこちらの勝ちなのです。

たとえば、「あなたのダンスは軽やかですね」とか、「あなたは上手ですね」とか言われると、世の中にはもっと上手な人は五万といるのはわかっていても、舞い上がるほど嬉しくなります。

「あなたの口のかたさはすばらしい」と褒められると、これまた舞い上がって、ますます口をかたくしようと決心します。

これは会社の中でも、普段の生活の中でも、全く同じです。

褒めるのはタダですから、いちばんコストのかからない最も効果的な接待です。だから、ウソでも人は褒めたほうがいいのです。何度も褒めていると、不思議と言っているほうまで本当に思えてきますから、ウソではなくなったりします。

私は品格ある上司に褒め上げられながら、馬車馬のように働いてきましたが、褒められれば人は喜びながら必死に働くことを、まさに身をもって体験してきました。上司からの褒めことばは、私にとって最大の接待だったのです。それはいまだに続いていて、「金児先生は仕事が早いので」と言われると、指定された日よりも一日でも半日でも早く仕事を仕上げようとしてしまいます。

では、接待で一万円使えるとき、どうするればいいでしょうか。

「一万円をどう有効に使うかを一生懸命、最低二〇とおり考えなさい」

これが、上司の社長から言われていたことばです。あなたも考えてみてください。

一万円あったら、たとえば――

・バーに行く
・一杯飲み屋に行く
・焼き鳥屋に行く
・ホテルに食事に行く
・日本料理店に行く
・相撲の券をあげる
・音楽会に行く
・野球の券をあげる

・ネクタイをあげる
・ネクタイと奥さんのスカーフをあげる
・プロレスの券をあげる

などなど。ＴＰＯで相手に合わせて、二〇とおり考えるのです。いくらお金を使っても相手に喜んでもらえなければ何にもなりません。だから、相手のことを考えながら、必ず喜んでもらえるお金の使い方を考え抜くのです。これが、個人と会社の力になっていきます。

◆やっていいことと悪いこと、その分かれ目は？

何をやってよくて、何をやってはならないかの判断は、とても難しいことです。人生も仕事もマニュアルどおりには進みません。いろいろなことが、次々と、起こってきます。それも毎回、違ったかたちでです。同じことは何度も起こりません。

だから、毎回、毎回、どうすればいいのか、迷いに迷いながらやってきました。そんなとき心強かったのは、信用できるリトマス試験紙になるような人が側にいてくれたことでした。この人ならどう考えるか、この人ならどういう行動をとるかを考え、相談することが、ずいぶん自分の判断の助けになりました。

あまり偉すぎる人ではレベルが違うし、実際に話をすることなどなかなかできません。身近に能力と見識のある、信用できる人がいてくれると本当に助かります。ビジネスパーソンは、そういう人をぜひ、見つけて、大事にお付き合いするといいと思います。

そういう人をリトマス試験紙にして、やっていいことと悪いことを判断するのです。はじめから自分に確固たる信念があれば別ですが、なかなか一線を画するものを持つことは難しい。時と場合によって、やっていいこともあれば、やってはならないこともあります。おそらく多くのビジネスパーソンの方がそうではないかと思います。だから、このやり方はある程度客観的に物事をとらえられるし、なによりいちばん楽な方法です。

◆◆「需要と供給」が自由の心を満足させる

何事においても大事なことは、自分を過信しないことです。私たちは往々にして、「自分は大したものだ」と思いがちです。

「そんなことはない」と思う人もいるでしょうが、放っておくと、人は誰でも、自分で自分を大したものだと思ってしまうのです。

自分がいちばんかわいいのですから、そう思ってしまうのは仕方ありません。その気持ちを残しながら、信用できる人の意見も聞いてみる。または、「あの人だったらどうするか?」と、立場を変えて考えてみる。それが、いいのです。

ビジネス上の多くの迷いや悩みは、需要と供給の関係にあります。しかし、需要と供給の間に自由に自分を放り出すことは、本当はすばらしいことです。そうした快感は、お役人や政治家や学者といった人たちにはわかりません。

一つのプロジェクトがまとまれば、「やった！」と思います。一つの大仕事にケリがつけば、「よし！」と胸をなでおろします。これらは、将来の需要と供給が、うまくいったのです。需要と供給の関係さえうまくいけば、リーズナブルな「数量×単価＝金額」でよい仕事ができます。そこで得る快感は、やはり自由があるからです。これが、次への意欲へとつながっていきます。

そして需要と供給の関係を支える基本が、自己規律なのです。

◆会社は、「利益（九）」「コンプライアンス（一）」がすべて

会社には、経営理念とか行動原則のようなものがあります。これが、行動の指針となり、判断の基準になると言われます。確かにそうした場合もあるかもしれません。しかし、私は、それはお題目であると思っていました。皆が、「きれいだな」と思えることばがあることが大事なのです。

一つひとつの細かいことの積み重ねが実務です。一〇〇くらい細かい中に、また一〇〇もの、もっと細かいことがあって、その塊が行動、すなわち経営実行です。何十万、何百万という行動を、すべて書き出すことなどできません。

もちろん、会社が絶対に守るべきことはあります。法律違反をしてはならないし、利益を上げなければなりません。

これを徹底しようと思えば、唯一絶対の方法は、「コンプライアンスは私が守ります」と社長が宣言することです。

私のふるさとの会社では、毎年、「コンプライアンスを守って利益を上げる、そして税金を納める」と社長が新年に宣言しています。「それが、経営である」と。

これだけでも、私はかなりいい線、すなわち、会社の内部統制は九五パーセントは守られていくと思います。

「コンプライアンスを守る」とだけ言う人は、いっぱいいます。

「利益を上げる」と言う人も、山ほどいます。

しかし、「税金を納める」とまで言う人はあまりいません。税金はできれば納めたくないと思っているからです。でも、本来はここまできて、はじめて会社の使命を果たせるのです。

では、大きく考えて、社長の自由と自己規律とはどのようなものでしょうか。「コンプライアンスを守り（自己規律（一））、利益を上げるのが（自由（九））、会社の使命であると私は思っています。それが経営のすべてです」と、社長が言ってしまえばいいのです。

そもそも、たとえどんなに厳しい内部統制を備えても、トップの行動はトップ自らが律するしかないのですから。

◆自分を最高にかわいがる仕事のしかた

起こってはほしくないが、事故や不祥事が起こったとします。最近は、会社役員が揃って深々と頭を下げる姿を、何度もテレビで見るようになりました。

そのとき、いのいちばんに、「会社で起こったことの責任はすべて自分にある」

と宣言するようなトップは、もっとも自分をかわいがる道を知っている人です。どうすれば自分が世間に対して責任をとり、世間から「よくやった」と思ってもらえるか、世の中から褒められるかを知っている人です。

同じ頭を下げるにしても、自分をかわいがりながら頭を下げている人は、フットワークが軽くなります。世間から非難される前に、自分の大幅な減俸を宣言し、マスコミよりも先に被害者やお得意先や関係先に自ら足を運んでお詫びを言って回ります。

言われる前に自ら進んでやるから、一歩目の出だしが違ってきます。圧倒的な行動力をもって、誰も非難できないくらい、徹底的に率先垂範するのです。

これが、自分で自分を最高にかわいがるトップのやり方です。これを、小中大のどの会社の従業員も皆見ています。

こうしたトップの姿勢は回りまわって会社の信用につながりますが、まずは自分ありきです。それが本物の経営者である、と私は思います。

◆組織は個人を守ってくれない

組織というのは決して温かいものではない。私はそう思っています。

そもそも組織というものは、人の心を温めるためのものではなく、責任と権限がうまく機能するようにつくられた役職に合わせて形がつくられたものです。

これが組織ですから、人の心まで考えて、その心をくみ取って、しかも温かくなんていうことは、最初から考えられていないのです。そう考えておいたほうが、ビジネスパーソンは幸せだと思います。

個人が個人を守ってくれても、組織が個人を守ってはくれません。たまにはあっても、ないと考えておいたほうが無難です。

電車の中で若い人が同僚らしき人と愚痴をこぼしているのをよく聞きます。

「われわれのために組織があるのに、なんにもやってくれない」

（組織に何かやってもらおうなんて、期待してはダメですよ）と、私は心の中で彼らに語りかけます。

そこで働いている人は温かくても、組織と人は別なのです。情けや温かさといった過大な期待を、最初から会社という組織にかけるべきではないのです。

だから会社のために命を絶つなんてもってのほかだし、会社に人生を捧げたのに、などと後で思わないように、自分をかわいがることを、まず大事にしながら、ビジネスパーソン人生を送ってもらいたいのです。

このような考えを基本にして、一生懸命に働くと、その結果、会社のトップから「あなた（君）は会社に対して忠誠心があるね」と褒められるのです。

◆内部告発は損をする

最近、内部告発を受け付ける窓口をつくっている会社が増えています。しかし、その窓口に情報が持ち込まれることはめったにありません。自分の名前を明らかにしながら、自分の所属している組織や人を告発するのは、ビジネスパーソンにとっては非常に難しいことだからです。

「内部告発すべきでしょうか?」というご相談を受けたとしたら、「おやめなさい。あなたが損をするだけです」と私は答えます。

「自分は職を失ってもかまわない」という決意をもって、外部に向かって告発しなければならないことが絶対にないとは言いません。また、外に向かって明らかにしなければ、会社がよくならないということもあります。

しかし、会社の中では、まずやめておいたほうがいい。得することは何もないと思います。

私は若いころ、いまから思えば、異常な正義感に満ちていました。自分は、大したこともないのに、さらに自分が自己規律も持たないくせに、他人に対しては非常に正義感に満ちて、「許せない」と思うことがよくありました。

ただし、同僚や部下や上司といった自分の周囲の人のことは、あまり言いませんでした。「告げ口」するようなことはしたくなかったのです。その代わり、あろうことかトップの人たちに、直接的に「それは、まずいのではないでしょうか」と言うことを、ずいぶん仕事でやってきました。直言したのです。これは、辛いことでした。

でも、私はこれを失敗だったと思っています。いまになって大いに反省していることの一つです。やはり、上に対しては「金児のペコペコ哲学」を実行するのがよいのです。

ただし、大きなことでも、小さなことでも、「内部告発しようか」というような事柄を、自分の心の中だけに、とどめておくのは大きなストレスです。

こんなときのストレス解消のためにも、前にも述べた「何でも話せる信用できる口のかたい人」を、平素努力してつくっておくといいのです。自分一人の判断では絶対に動かず、先輩でも後輩でも同僚でも、本当に信用できると思う人（前にも述べたように、親友とは違う判断力のある人）に、まず相談するところから入ったほうがいいのです。

また、ストレス解消のために私がよくやっていたのは、新聞の記述に間違いを見つけて、新聞社に電話をかけて、自分の住所・氏名などをしっかりと告げた上で、間違いを指摘することでした。

新聞に書いてあることはすべて正しいわけではありません。特に論説委員・編集委員など偉いと思われている人が書いている記事には、間違いが結構あります。やはり、自分が正しいと思い込んで威張っている人は、間違いを起こしやすいのです。文字の間違い、表現の間違い、内容の間違いなどを、自分の名前を明らかにして指摘すると、五回のうち一回くらいはお詫びのことばと共に返事が返ってきます。こうした指摘は、何百回やっても自分が損をすることはありません。自分も気持ちがいいし、次からもっと気をつけようと思ってもらえれば、指摘されたほうも得になります。

◆悪い兆候を早く伝える

内部告発というのではなく、悪い兆候をいち早く伝えるのは大事です。早く伝えるということは、できるだけ小さい（事が大きくならない）うちに早く伝えるということです。

大きな問題が発生する前には、無数の小さな問題が発生しています。大きな問題が起きたときに、迅速に対応するのはもちろん大事ですが、もっと大事なのは大きな問題を起こさないことです。

それには、できるだけ小さな問題のうちに解決しておかなければなりません。

このときいちばん大事なのは、小さなことを伝えられたときのトップの姿勢です。「そんなつまらないこと」と言ってしまっては、小さなことを伝えようとする人はいなくなります。

「そういう問題を早く、悪い兆候を早く小さいうちに知らせてくれて感謝する。ありがとう」とトップが明言することが大事なのです。

これができれば、会社は明るくなるし、何事でも事態が悪化する前に、小さなうちに手が打てます。

会社の決算書や会計士による監査の信用性が問われるような問題が、ここ数年たびたび起きています。

以前、私の尊敬する社長が、会計士に向かって次のように話したことがありました。「皆さん、ここがおかしいと思ったら、日本一早く、誰よりも先に私のところに情報をもってきてください。小さなうちならそれを直すだけの力が会社にはあります」

このことばを聞いて、会計士の人たちはとても感激していました。

ある日、突然「ダメ！」と言われては会社も打つ手はありませんが、小さなほころびであれば修復は十分可能なのです。

◆◆何を優先すべきか考える

会社の中では、いろいろなことが次々に起こります。いつも複数の課題が目の前にぶら下がり、どれからやっていけばいいのか考える暇もなく、目の前の仕事をこなしていくことが多いのです。

でも、仕事が山積みになっているときほど、ウエイトづけと、やる順番をしっかりと考えなければなりません。

ものごとには、ウエイト（重み）と時間（順番）があります。

①　ウエイトが重く、急ぐ仕事
②　ウエイトが重く、急がない仕事
③　ウエイトはそれほど重くなく、急ぐ仕事
④　ウエイトはそれほど重くなく、急がない仕事

この四つに分ければ、普通の人は①の「ウエイトが重く、急ぐ仕事」を最優先にしようと考えます。ところが、仕事のできる人を見ていると、必ずしもウエイトづけの大きいところから入っていこうとしません。

たとえば、いま、一〇個の仕事があって、ウエイトを一〇から一までの十段階に分けたとすると、三くらいのウエイトづけの仕事を、最優先することがあるのです。

「どうして、あんなことをいま、一生懸命やっているのかな?」と思っていると、しばらくすると、最初一〇のウエイトがあったものが小さくなって、三のウエイトだったものが最重要な一〇のウエイトになったりするのです。

そういう経験を私は何千回もしてきました。

ものごとのウエイトづけは、時々刻々状況によって変化します。その変化を考えながら、一定の期間（ターム）で優先順位をつけていくと、いま、最重要と思えることが、最優先ではなくなるのです。理屈ではなく、まさにビジネス・センスというべきもので、体験知識（エンピリカル・ナレッジ）から得られる経営そのものです。

こうした能力を身につけるには、日々の仕事の中で、「ウエイトづけ」と「時系列」の変化を自ら感じ取りながら、実地の修練を積んでいくしかありません。

◆◆味方を一人用意しておく

組織の中で孤立するほど辛いことはありません。会社でも、学校でも、大人でも、子どもでも同じです。

でも、誰でもいつ孤立するかもしれないし、いじめにあうかもしれません。だから、孤立しないように普段から考えておくことが大切です。

大人数の味方を用意しておく必要はありません。むしろ、人数は少ないほうがいい。一人か二人、本当に信用できる味方を探しておくのです。

その気になれば、こういう人は結構探せるものです。全人格的にすばらしい人を探そうというのではありません。

「この件については、この人に相談しよう」と思える人が、一人か二人いればいいのです。

イザというとき慌てて「どこかに味方になってくれる人はいないか?」と考えるのでなく、普段から考えておくことがとても大事です。

たった一人でも十分です。平素、何も問題がないときに、このような人を探しておく努力をするのです。

辛いことを一人だけで抱え込むのでなく、何でも話せる信用できる人がいれば、それだけでずいぶん気持ちが楽になります。孤立感を感じることも少なくなります。

第四章　部下と上司の自由と自己規律

◆◆会社の中での個人の自由とは？

人は一〇〇パーセントの自由を求めるものですが、私の実感では会社の中では個人の自由はほとんどありません。

新入社員当時は、それなりに自由な時間もありました。入社してすぐ地方の工場に配属になったときは、自由な生活ができるのでとても嬉しかったことを覚えています。

しかし、その後、従業員七人と一五〇人の二つの子会社に出向して、現場の厳しさを肌身で感じながら販売業務と営業会計の仕事を無我夢中でやり、三十歳で経理・財務に配属になってからも、出たとこ勝負で必死に仕事と格闘しながら、あっという間に時間は過ぎていきました。

仕事漬けの生活が続く中で、会社を離れたら、無理やり頭も会社から切り離そうと努力してきました。「会社と自分は別物」、もっと言えば、「会社と自分は関係ない」と、割り切ろうとしてきたのです。

最近は、そういう考え方が主流のようですから、時代を先取りしていたと言えなくもありません。しかし、これは至難の業でした。

いまから考えれば、信じられないことですが、昼休みも夜も土日・祭日までも働いていました。日曜日、子どもの運動会に会社の仕事を持っていって、子どもが出場していないときは、仕事をしていたのですから、考えられないことです。

そこには、個人の自由なんてありません。ゼロです。

◆◆できる人は「めり張り」上手

会社の中で、いちばん自由な人は誰かといえば、それは社長です。

社長は会社でいちばん大きな責任を負っていますが、会社でいちばん自由です。

会社にすべてを捧げているように見えながら、従業員に見えないところで、結構、自由に時間を楽しんでいたりするのです。

どんなに、まじめな人でもそうです。

社長に同行してアメリカに出張したとき、ラスベガスを通過することがありました。私はちょっと寄ってみたいと思ったのですが、社長が「あんなところには行ったことがない」という雰囲気だったので、私は何十回もアメリカ出張をしましたが、一度もラスベガスへは行きませんでした。

ところが、後日、回顧録の中で、「しょっちゅうラスベガスへ行っていた」と書いているのを見て、私は「やられた!」と思いました。

教養バツグンで、美術館で一枚一枚絵の解説をしてくれたり、銀座の宝飾店で「よいものを見ておくとよいですよ」と、いちばん上等なダイヤモンドを出してもらって見せてくれた社長もいました。

株式の売買に熱中して、その実力に証券会社の社長が舌を巻く社長もいました。ひそかに絵を描くことを趣味としていて、プロはだしの腕を持つ社長もいました。そんなことはおくびにも出さず、「いつ絵を描いている時間があったのだ?」

と思えるような忙しさだった方ですが、二〇年ほど後に、そのことを知って心底驚きました。

社長になるような人は、どんなに忙しくても、結構めり張りをつけて、自由な時間をつくっているのです。そして、決して部下に見せないし、知らせない。こういうことは、あまり周りに知らせないほうがいいようです。部下に余分なことを考えさせても、つまらないのです。

◆◆ビジネスパーソンであれば出世を目指す

会社の中で、自由を得ようとするなら、社長を目指すべきです。社長までは無理と思っても、まずは課長を目指してほしいと思います。ビジネスパーソンになったからには、誰でも出世を目指すべきなのです。出世を目指しているか、目指していないかは、仕事ぶりにも表われ、上司はそれを見逃しません。だから出世は目指したほうがいいのです。

課長の先は運もあります。部長になるか、役員になるか、社長になれるか、それは「神のみぞ知る」です。

私も部長になれるとは、全く思っていませんでしたが、新入社員のころは、「会社に入ったのだから、絶対に課長になってやろう」「できれば社長になりたい」と思っていました。

「ひょっとして本当に課長になれるかもしれない」と思うようになったのは、四十代半ばになったころでした。

同時に、「人生、これでいいのか」とも思うようになりました。四十七歳のとき、『法人税実務マニュアル』(日本実業出版社)という本をはじめて書いて、仕事以外の楽しみも出てきていましたが、地位が上がってきたために、それまでとは異なった立場で、人に鞭を入れるよりもっと強く自分に鞭を入れたのです。

ロッキード事件など企業を巻き込んだ大きな事件が次々と発生し、多くの会社で、常務・専務・副社長・社長など、地位の高い人が逮捕され、ときには自ら命を絶つ記事が新聞の紙面に踊るような時期でした。

四十代後半で課長になったとき、一回り以上歳の離れた二人の兄たちから、注意を受けました。

「昭、お前は上場会社の課長になったのだからこれ以上、欲をもってはいけない。うちの兄弟はまじめだけがとりえなのだから、まじめに勤め上げることだけ考えて、悪いことをしないで、欲を出さずに生活しろ」

部長になったとき、兄たちは驚愕しました。

「お前が部長なんて、お前のいる会社はおかしいんじゃないか。何か悪いことでもしたんじゃないか?」

会社のことは全く知らない、小学校の教員の兄たちでしたが、本当のところを見通していたのだと思います。大きな政治献金が動くような騒然とした時代の中で、兄たちは私を本気でいさめてくれました。

いまから思えば、人生の節々での兄たちの心の入ったことばが、私をどこかで押しとどめるチェック機能として働いたのです。多謝、多謝です。

◆◆課長になるまでは諦めない

課長になったころから、兄たちのいさめもあって、会社は会社、自分は自分と割り切ろうと努めてきました。定年を無事に迎えて、家族を養っていければ、それでいい、と。

課長になったころには、私は「できれば社長に」なんて夢は、あきらめていました。

しかし、課長になるまでは絶対にあきらめないほうがいい。いろいろな人を見ていて、私はそう確信します。

人生いろいろですから、中にはひょうひょうとしてわが道を行く、仙人のような人もいます。

私の知っている人の中にも、そういう人がいました。

戦争から帰ってきて、東大を卒業し、会社に入社した人でした。同期のほとんどの人が部長になっているのに、一人だけ課長代理のままでした。

どこか達観していて風格はあるのだけれど、「偉くなろうという気持ちは全くないのだなぁ」と、年下の私が見ても思えるような人でした。

その人は結局、課長で定年となりましたが、それから二年か三年経ったころ、新聞にその人の名前が大きく載りました。最年長の司法試験合格者になっていたのです。

課長で定年退職後、司法試験に合格して、弁護士事務所を開設された。本当に仙人のような人も世の中にはいます。これも、またその人が選んだ、すばらしい生き方です。

◆自分の楽しむ時間をひねり出す

ビジネスパーソンは課長を目指して、まじめに働きながらも、自分の自由な時間、自分の楽しみを持つことは絶対に必要です。そうでなければ、病気になってしまいます。

ビジネスパーソン時代の私を知る人は、「これほど働く人がいるのか、と驚くほど働いていた」と言いますが、無理は長くは続きません。

三十代と四十代に、過労で身体を壊し、一カ月ずつの病院暮らしを経験しました。

一カ月病院のベッドで寝ながら、私は不安で仕方ありませんでした。「退院して会社に行ったら、自分の机がなくなっているのではないか」という不安です。その不安を押し隠すために、部下の人たちが見舞いにくると、仕事にチェックを入れたり、指示を出したりしていました。本当は仕事のことなどあまり頭になくて、自分の身体のことと家族のことで頭はいっぱいなのですが、入院しても仕事をしているというポーズくらいとらないと不安で仕方なかったのです。私は気が小さい人間です。

前にも述べましたが、会社という組織は冷たいものです。病気になったときは、とくにそのことが身にしみます。会社の役に立たない人間を、会社は必要としていません。これは、良いとか悪いとかではなく、事実として会社という組織はそういうものなのです。

そうしたことにならないためにも、自分の自由な時間を上手につくって、楽しみを見つけて、上手に心と身体を仕事から解き放たなければならないのです。自己研鑽の時間が楽しみになれば、定年後の長い人生にも必ず役立ちます。

◆◆会社＝自分なら、自由度一〇〇パーセント

会社と自分を分けて考えることは、ビジネスパーソンにとっては必須ですが、もしも、会社＝自分であれば、これほどの自由度はありません。

会社でいちばん自由なのは社長だとお話ししましたが、オーナー社長でなければどれほどワンマンな社長にもボスがいます。それは「株主」です。だから、本当に、会社＝自分と考えることができるのは、社長兼株主のオーナー経営者だけです。

そうでない、ほとんどのビジネスパーソン（社長も含めて）は、会社から給料をもらって会社という船のオールを一生懸命漕いでいるようなものですから、到底、会社＝自分とは思えません。

だけど、私は無理やり、「自分は社長＝株主＝従業員である」と自分に思い込

ませてきました。そうすると、ストレスも薄れるし、会社の一翼を担っている気持ちになれます。

「君は株主じゃないけど、いつか株主になる可能性があるんだから、株主の気持ちになって、従業員兼社長兼株主の気持ちでやってくれ」と、従業員に言えるような経営者が、自己規律のあるよい経営者なのです。

さらに、社長から新入社員までのみんなが、「自分は株主兼社長兼従業員である」と思い、行動しているビジネスパーソンが多い会社は進展していきます。

◆できる社長はまじめに自分をかわいがる

私が直接間接にお仕えした七人の社長は、一人ひとり性格も仕事のやり方も違っていましたが、「大まじめ」という点では一致していました。

「まじめ」は自己規律の基本です。「自分を律する」とか、「規律を大事にする」

とか、「倫理観がある」など、大上段に構えるのではなく、上手に自由な部分を隠しながら、人に知られないように気分転換をはかりながらも、根っこの部分に「大まじめ」があると、誰も文句のつけようがありません。

いまから二〇年ほど前、私は大まじめな社長に一度だけ、「どうしてそんなに働くのですか?」と聞いたことがあります。

すると社長は、まじめな顔をして次のように話し始めました。

「金児君、私はほかの社会は知らないけれど、会社の中で仕事をずっとやっていくためには、自分からエネルギーが出ていて、この人間には予算を与えようとか、この人間には大プロジェクトを任せようとか、そういうふうな気持ちに周りの人がなることが大事なんだ。だから自己宣伝も必要なのだ。しかし、いちばんの大本はまじめであることだ。大まじめにやっている限り、誰も私に手を触れられないのだよ」

この社長は役員になって以来、毎朝、七時に出社して、世界中から送られてきたファックスに目を通して必要な指示を与えます。その準備のために、若い人が毎日一人交代で会社の近くのホテルに泊まり込み、朝六時に出社しています。誰も出社していない早朝、社長と若い部下の二人で仕事が始まるのです。
これほどまじめにやっていれば、どれほどこっぴどく叱られようと、誰も面と向かって文句は言えません。

◆命あってのモノダネだ

若いころは、早朝出社しなくても、接待費など経費をバンバン使っても、周囲から許される人もいます。

「彼は会社の経費をいろいろ使うけれど、その何百倍もの利益の大きい仕事をもらってくるのだからいたしかたない」

周りからこう認定されるほどの実績を上げれば、会社の中ではかなり自由です。これは、並大抵のことではありません。実力をつけて実績を上げるのは、大まじめであることよりも、大変なことですし、重要なことです。

後になって気づいたことですが、たぶんまじめな社長たちは、みんな「自分の自由をもちつつ、大まじめなフリ」もしていたのです。

若いころは、朝十一時に出社しても、「夜、十一時まで仕事をしていた」ことを上手にアピールします。歳をとって、朝早く目が覚めるようになったら、今度は朝型にチェンジです。周囲は振り回されますが、それでも誰よりも仕事をしていることに間違いありません。

経理・財務出身の社長から、「私は長年、銀行の方々とお付き合いをしてきましたが、自分から提案して、銀行の方々を接待したのは一回しかありません」という話を聞いたときは、びっくりしました。

私から見れば、しょっちゅう接待しているように見えたからです。でも、それらはすべて、部下が言い出すか、相手が言い出したことで、自分から言い出したことは、何十年間の間にたった一回しかない、と言うのです。

「私は小さいころから身体が弱かったので、母から勉強しなさいとは一度も言われませんでした。歳をとってからも、身体にだけは気をつけるように言われてきました。だから、私は母の言いつけを守って接待を一度しか言い出さなかったのです」

「こういう自分の褒め方、納得のさせ方、周囲へのアピールの仕方があるんだなぁ」、さらに、「どんな仕事をするにしても、命をなくしては元も子もないこと（命あっての物種《ものだね》）、このこともよく知っているのだなぁ」、と私は心底感心しました。

やはり、社長になるような人は、若いころから一貫して、あらゆる意味で、自分のかわいがり方が圧倒的に上手なのです。

◆褒められたいから耐えられる

会社と自分を区別しながら、会社は冷たいものだと思いながら、それでも一生懸命に働くのはなぜでしょうか。

私が馬車馬のように働いたのは、目の前にある仕事をそのままにしておけないという、母親譲りの生来の気の小ささもありますが、「上司から褒められたい」という一心からでした。

上司はみんな嫌なものですが、尊敬できる部分を持っている直接間接の上司は大勢います。

私が若いころに仕えた直属の上司（長野商業出身の経理・財務部長）は、非常に厳しい人で、私はいつも「小学校を出たのか！」と、叱られ続けていました。

その上司から、土曜日の夜、自宅に電話がかかってきたことがありました。

「今日、君の発案を『とんでもない話だ』と怒ったけれど、家に帰ってゆっくり考えてみると、やはり君の考え方が正しいように思う。月曜日に会社に行ったら、君の考え方で進めるように」

それだけ言って、上司は電話を切りました。

まさに、舞い上がるような気持ちでした。私は、この方に褒められるのが楽しみで、一生懸命我慢して仕事をしました。

まるで子どものようだと思われるかもしれませんが、人間はいくつになっても「褒められたい」のです。そして、私はいまでも褒められたい。

そして、たまに褒められるから、自由なんてない会社に「今日も出社しよう」という気持ちになったのだと、いまにして思うのです。

◆褒めてくれる上司が、よい上司

よい上司、悪い上司とは、どんな上司でしょうか。

自分を褒めてくれる上司は、自分にとってよい上司です。いつも自分をいじめる上司は、自分にとって悪い上司です。

私もそうですが、普通の人間には大局観なんてありません。普通の上司はみんな出たとこ勝負、その場、その場の状況で、褒めたり、叱ったりしています。

上司と部下の関係は、つまるところ、褒める（褒められる）か、叱る（叱られる）かです。その真ん中もありますが、これは全く印象に残りませんから無いも同じです。

どの上司も、褒めたり、叱ったりするものですが、尊敬できるかどうかの分かれ目は、その上司が率先垂範しているかどうかです。

ただし、平社員の時代でも、係長の時代でも、課長の時代でも、部長の時代でも、役員の時代でも、「自分はほかより優秀なのだ」とか、「自分は偉いんだ」と思っている上司は、よい上司ではありません。とくに、「この人は、自分は偉いと思っている」と部下に思わせる上司はあまりよくない上司です。

私の仕えた人で、すばらしいと思った上司はみんな、決して偉ぶっているなどと人に思わせませんでした。どんな若い人であろうと、ご年配であろうと、地位の高い人でも低い人でも、目線はいつも同じでした。そして、その目線はやさしいだけではなく、上にも下にも公平に厳しいものでした。まさに、自己規律の人です。

偉ぶるところはなく、全部さらけ出していました。これは、ある意味では自信の表れかもしれませんが、「どんな人でもバカにしない」上司は、いい上司です。

自分を褒めてくれる上司、率先垂範する上司、地位などで人を差別しない上司。こんな上司が一人でもいれば、いま私は幸せである、と考えることにしたのです。

◆◆悪い上司にあたったら「しめた」と思う

もしも悪い上司にあたったら、残念ながらあきらめるしかありません。なげやりなようですが、これがいちばん大事なことです。下手に逆らって反抗しても、部下に得はありません。「金児のペコペコ哲学」でいくよりしようがありません。仕方ないとあきらめて、「この人がずっと私の上にいるわけではない」と思うことです。会社組織は、徒弟制度ではありません。いま、たまたま、あなたの上にいる人が、永遠に上にいるのではないのです。

そして、できれば、悪い上司に当たったことを、「しめた」と思うことです。これは、なかなか難しく、現役を退いたいまだから言えることですが、「悪い見本をいろいろと見ることができる」と思って、反面教師にして勉強してしまうのです。

そんな客観的な自分になったほうがいいのです。

現役時代、私は意識していたわけではありませんが、知らない間にそういう気持ちをどこかに抱えることによって、悪い上司から受けるストレスをなくそうとしていたようです。いま考えると、涙ぐましいような努力をしていたように思えます。

そうでなければ、叱られっぱなしのビジネスパーソン生活を送ることはできなかったでしょう。それで私は、『金児昭の七人の社長に叱られた!』(中経文庫)という本を書いてしまいました。

どれほど嫌な上司でも、悪いところが山ほどあっても、良いところがバカ多くて、「ネット(良いところと悪いところの差額)での良い点」が、自分のそれをはるかにはるかに上回っていれば、部下としてはこれほど参ってしまうとともに、辛いことはないのです。

第五章　「経理・財務」（会計）は人を幸せにするためにある

◆経理・財務は会社の中で小さいほどいい

「経理・財務」（会計）が威張っている会社は危ない、というのは私の持論です。実際、経理・財務出身の社長が二代続くような会社は、おかしくなることが多いのです。

会社でいちばん大事なのは、外からお金をもらってくることです。販売・製造・研究が大事で、経理・財務や人事・総務などは小さいほどよいのです。なぜかと言えば、経理・財務は、外からお金をいただいてくる仕事に一義的に役立つ部門ではないからです。

役に立たないのに、なんのために経理・財務があるかといえば、

① 外からお金をいただいてくる販売・製造・研究部門とその人たちの仕事に参画し、その人たちをバックアップする

② 販売・製造・研究がつくり上げてくれた財産を絶対に減らさないようにしっかりと守る（財産保全）

この二つだけです。

参考までに述べますと、「財務・経理」は一九八九（平成元）年に私がつくった造語です。「経理とは経営と理財」で、中国では昔から社長のことを総経理と言います。なお、「財務」は英語のファイナンスを訳したことばです。

◆財産保全のために経理・財務が最低限なすべきこととは

経理・財務が会社のお金を守るためにいちばん大事なことは、「自分で稼いだお金ではない」と考えることです。

経理・財務は会社のお金を会社の中の誰よりも近くで目にしています。金庫の中には現金が入っているし、銀行の口座には預金が入っています。国債になっているお金もあるかもしれません。

そうしたお金は、経理・財務が稼いだお金ではありません。当然のことなのですが、このことを忘れてしまうと、「多少は経理・財務にも権限があるのではないか」と思い違いをしてしまうのです。これが間違いの始まりです。

私はバブル期に、本業ではないので、一円の株式も投資信託も買いませんでした。株も投資信託も元本保証ではないからです。当時は、財テクをやらない経理・財務部は無能だと、攻撃の矢が方々から降ってきました。バブルが崩壊したとき、私のふるさとの会社はバブルで一円も損を出しませんでした。そして、私は日本でただ一人、バブルで失敗しなかった経理・財務部長と言われるようになったのです。私がやったことは、なにもありません。ただ、何もしなかったのです。さんざん非難を受けながらも、私が「何もしない」自由を押し通すことができたのは、上司が私のやり方を認めてくれ、トップも財テクをやれ、という命令は一切しなかったからです。

いま、私は事務所の近くで、大手の清涼飲料会社の販売員の方を見かけるたびに、野菜ジュースを必ず買っています。

バブル真っ只中、この会社をはじめ多くの会社が財テクで失敗して何千億円もの損を出しました。経理・財務が、自分は偉いと思い、自分で儲けてやろうとした結果、こうした大きな損失を出してしまったのです。

私はこの出来事を忘れることができません。一個一〇〇円の野菜ジュースを売って得られる儲けは、おそらく一〇円か二〇円くらいです。いったい何本売れば、数千億円の儲けが出せるのか。それを思うと、雨の日も風の日も販売を続けているお嬢さん方が気の毒でならず、買わずにいられないのです。

◆「何か変だな」をすばやく感じ取るには

経理・財務の仕事を一生懸命やっていると、会社の財産を脅かすような前兆を感じることがあります。

そんなとき、どうすればいいかを私は上司から教わりました。

「何か変だなと感じたら、池に石をポーンと放り込んで波紋が広がっていくかどうかを待つような注意の仕方をするといいですよ」

直接、糾弾するのではなく、それとなく人や部門に気づかせて、変なことをやめるように注意するのです。たとえば、ある人がちょっと怪しいなと思ったとします。私は現役時代、本を書いていたこともあって、会社の中のいろいろな部門に呼ばれて、面白おかしく経理・財務の話をしていたので、その部門の上司に「何かの機会に話をさせてほしい」と申し入れておきます。そこで話の中に、なにげなくスラッと要注意人物にかかわるような話を入れ込むのです。

このような方法で、たいていの問題は解決します。

しかし、一〇〇に一つくらいは、暗に注意しても言うことを聞かないことがあります。そのときは、経理・財務も本気で財産保全の刀を抜いて切り込みます。「絶対に許さない」という姿勢を示さなければなりません。

こんなことはほとんどありませんが、長くビジネスパーソン生活をしていると二度や三度はこうした事態に遭遇します。これは本当に嫌な仕事ですが、経理・財務のたった二つの使命のうちの一つなのですから、逃げるわけにはいきません。

◆トップ自らが「池に石」

トップが池に石を投げ込んでくれれば、経理・財務にとっては大きな力となります。

私のふるさとの会社では、全社の経理・財務を集めた会議を半年に一回開いていました。会議の最後に、会長がすくっと立ち上がって、次の話をしました。

「経理・財務は、極端に言いますが、ふだん何も仕事をしないで、販売・製造・研究のバックアップをしてください。仕事をしないのが経理・財務の仕事です。しかし、何か事あるときに財産を守るのは経理・財務です。そのときには、刀を振りかざして、変な事をしている人間や部門へ切り込んでいくことが大事です。私は、そういう経理・財務を応援します」

私は、この会議の議事録を即刻用意して、会長と同席していた社長にも印をもらい、会議に参加していた全国・全世界の経理課長にコピーを二部ずつ渡し、持って帰ってもらいました。コピーを持って帰った経理課長は、一部を自分の上長（たとえば工場長）に渡し、一部は経理課員たちに見せながら、「会長と社長がこうおっしゃった」と説明します。工場長は、これを工場幹部に回覧します。

普段、「利益が大事だ」と言っているトップが、「経理・財務会議」の議事録の中で「財産保全がとても大事です」と言っているのですから、効果は絶大です。

これも、一つの「池に石」の自己規律です。

また、ミスや不正は、小さなうちに処理して、人に気づかれないようにうまく反省してもらうのがいちばんです。

自分の小さなミスや不正を申告すると、褒められるような風土の会社があります。そういう会社では、より早く小さなうちに上司に情報が入ってきます。

ただし、どんなに小さくても一線を越えることはあります。たとえば、金銭面で一線を越えるときは、金額が大きくなる可能性がありますから、これは絶対に見逃してはなりません。

◆◆経理・財務が絶対にやってはならないこと

経理・財務というともっぱら「お金」のことを考えがちですが、お金だけを大事にしてはなりません。

経理・財務がいちばん大事にすべきなのは、人間（ひと）です。私は、ずっとそう思いながら仕事をしてきました。

お金が先にあって人間が働いているのではなくて、人間が働いてお金を稼ぐのです。いつでも先にあるのは人間です。先ほど、述べた「何か変だな」も、数字を見ていてはわかりません。やはり人を見なければ、何もわからないのです。

日本中を騒がせたライブドアや村上ファンドや、世界中を揺さぶっているサブプライム問題の間違いも、そこにあったのです。彼らにとっては、人間よりもお金が先にあったのです。

お金は決してバカにしてはいけませんが、尊敬しすぎないようにします。特に経理・財務は、このことを頭と身体に叩き込んでおかなければなりません。

経理・財務は、「お金」ときたら、まずその前に「人間」を考える。そういう頭の回路をつくってしまうことです。

私はいつも、経理・財務の人にこう言い続けてきましたが、実際にやってみるとなかなか難しいのです。ついつい、「お金、お金」になりがちです。そうならないためには、「そのお金は何のために儲けるのか」を、考えてみることです。

それは、人間を幸せにするためです。私たちが、幸せになるためにお金が必要なのです。そのための学問が会計学です。だから、「経理・財務（会計）は人間（ひと）を幸せにするための学問である」のです。

これは、お金が私たちを幸せにしてくれるということではありません。破格のお金や不正なお金は、逆に人間を不幸にしてしまいます。

幸せになるとは、前にも述べたように、食べていけるお金と病気になったとき普通に治療が受けられるだけの、最低限のお金を稼ぐということです。

必要以上のお金があると危ないのは、個人も会社も同じです。必要以上にお金があれば、あまり考えることなくお金をむだに使ってしまいがちだからです。

たまにお金があると、いい気持ちになります。私もそうです。そんなときは、一袋三〇〇円のミカンを買おうと思ってスーパーに行っても、隣にある少し大振りな一袋五〇〇円のミカンを見て、「今日はこれを買おうかな」と思ってしまいます。

そのとき、「いやいや、待てよ」と考えるのが自己規律です。

たくさんお金をもっていても、一〇〇円は一円玉一〇〇個だし、一、〇〇〇万円は一円玉一、〇〇〇万個です。一円たりとも無駄にせず、どんな小さなお金でも、より幸せになるために頭を使って最大効果を考えて使う。これが、お金より人を先に考えている人や会社なのです。

◆◆よい粉飾、悪い粉飾

経理・財務が絶対にやってはならないこと、と言えば、「粉飾決算」ということばが思い浮かぶ人が多いと思います。確かに、粉飾はやってはならないことです。

しかし、世の中にはいろいろな状況の会社があり、なんとかごまかせないかという誘惑に駆られてしまうのも事実です。実際、私も粉飾のギリギリ一歩二歩手前のことを何度も経験してきました。

一九七八（昭和五十三）年のことでした。会社は不況の真っ只中にあり業績が悪化、従業員の二割超を削減するというリストラを余儀なくされていました。六〇〇人のリストラという苦渋の決断をトップはせざるを得ませんでした。そのとき発生する一五億二、〇〇〇万円の特別退職金。これを費用にしてしまうと会社は赤字になります。赤字になると何十年間も続けていた配当ができなくなり、株価も下がってしまいます。

「どうにか前払い費用にできないものでしょうか。検討してください」と、社長。前払い費用にすれば、その年の費用にならないので利益が出るのですが、そんなことは普通では考えられないことでした。

当時、経理課長だった私は途方にくれながら、机の上にあった法人税の本をパラパラとめくっていました。すると「繰延資産」という項目が目に入りました。私は、ピーンとひらめきました。

繰延資産は前払い費用の親分のようなものです。たとえば、研究開発などはいっぺんに費用が出ても最長五年に分けて費用にしていけばよかったのです。

特別退職金を、繰延資産の開発費の「新経営組織採用のための費用」と見れば、これを繰延資産にできる。私はそう直感しました。会計士の了解をとって、いろいろな細かな計算を続けて、認められたこの経理処理は、後に不適切な処理として公認会計士協会の試験の問題にもなるほど有名になりました。

当時、こうした処理が行えたのは、翌期、業績が回復することが確実だったからです。翌期に一〇億の黒字があればいいものが、リストラするので危ないというので、事業部が懸命に働いて、翌期にプラント輸出するという「レター・オブ・インテント」（予備的合意書＝契約確認書のようなもの）を海外の会社からもらってきたのです。

社長はこれを手にしていたので、翌期の利益は絶対に大丈夫だと知っていたのです。もちろん、「翌期は絶対に大丈夫」などとは決して言いません。「レター・オブ・インテント」は、自分の懐にそっと納めておくだけです。

当時、私の考え出した経理・財務処理は、「ほぼ粉飾に近い」などと言われましたが、翌期、翌々期が確実によくなるのがわかっていて、今期一期だけこうした方法を考え出して凌ぐのは大丈夫、と公認会計士のOKが出たのです。

当然、何年もこうしたことを続けてはなりせん。慣れがきて、危ない橋を危ないとも思わなくなっては、会社はそれこそ本当に危ない状態になります。

参考までに、現在、日本では研究開発費も発生した期に全部費用にすべきだという考えになっていますが、本来、研究開発してできたものが売れるのは将来です。売れたときに、費用に落として（計上して）いけばいい。つまり、分けて償却するというのが国際会計基準の考え方です。かつて「粉飾に近い」と言われてしまった私の考え方が、いま、国際会計基準への統一の中で取り上げられる方向にあります。まだ確実ではありませんが。

◆◆経理・財務処理を選択する際の基本となる考え方

経理・財務処理には、いくつかのやり方があります。

経理・財務処理を選択するとき、私はいつも「保守的」な考え方でやってきました。要するに、悪いものは早く処理するということで、これは若いころから首尾一貫しています。

ところが、この考え方はいまの欧米や日本の会計基準とは少し異なります。

たとえば、ある商品を買入れて売っているとします。商品は先に買入れたものと、後に買入れたものとがあります。同じ商品ですが、この商品の中に含まれる原材料が高騰していて、先に買入れたものよりも後に買入れたもののほうが値段が高かったとします。

このとき、先に買入れたものから先に出荷する（と仮定する）のを「先入れ先出し法」、後から買入れたものを先に出荷する（と仮定する）のを「後入れ先出し法」、平均して出荷する（と仮定する）のを「総平均法」と言います。

私は、ずーっと保守的に考えて、米国の子会社では三十年前の一九七七年から「後入れ先出し法」をとってきました。インフレ進行時には、安く買入れたものが残っていたほうが、安全性が高いのです。在庫はお金の塊です。お金を有効に使うには、在庫の金額はできるだけ小さくしなければなりません。物価が高騰しているときは、「後入れ先出し法」のほうがダンゼン安全なのです。

ところが、いま、世界の趨勢として「時価主義」が出てきています。日本もこれに見習い、「実際のモノの流れと一致しない」と言って、残っているもの（在庫）を時価で評価するようになると、「後入れ先出し法」はやめることになりそうな気配です。

たとえば、ある人が調子が悪かったら、調子が悪いところを先に直す、というのは一人の人の人生で考えれば当然のことです。先の「後入れ先出し法」とは、まさにそういうことです。それが問題であるというのであれば、それは会計基準が間違っている、と私は主張します。

そんな議論をするよりも、本当は、サブプライム問題の保守的な時価会計の方を真剣に論議するべきなのです。

◆◆欧米流の「のれん」の考え方は自己規律がゼロ?!

もう一つ、「のれん」というものがあります。「老舗ののれん」とか「のれんに傷がつく」というようなときに使うことばです。以前は「営業権」などと呼ばれていましたが、いまではズバリ「のれん」ということばが、会計の世界でも使われるようになりました。

老舗の会社を買収するようなときは、普通の会社を買収するよりもずっと高いお金を支払う場合があります。この余分にかかるお金が「のれん代」です。普段、のれんはバランスシートには載りませんが、企業買収をしたとき余分にかかったお金が「のれん代」としてバランスシートに載ります。

欧米のやり方では、「のれん代」を償却しません。そして、価値があると思っていたものがあまり価値がなくなった（減損した）と思ったときに、償却（減損処理）をすればいいという考え方です。いまは無償却で将来に減損が必要なときするのです。

私は、これは間違っていると思います。日本では二〇年以内で償却することになっていますが、このほうが正しいと思います。

欧米で「のれん」が無償却になったのには、わけがあります。Ｍ＆Ａをやりやすくするために、米ＩＴ業界と会計士が熱心なロビイ活動をして、のれんが無償却＋《プラス》減損となったのです。

はじめに資産に載せて償却しなくてよいのであれば、いくら高い「のれん代」を払っても利益に影響せず、いくらでもＭ＆Ａにお金をつぎ込めます。この「のれん」に対する考え方は、お金があれば何をやってもよい、というサブプライム問題に通じると思います。そして、両方ともミクロ経済の大問題です。

そもそも「のれん」の評価の仕方は難しく、普段、バランスシートにも載っていないような、はっきりいってわけのわからないものです。

わけのわからないものは、できるだけ早く償却したほうがいいのです。会社が存続していくために、それが最善の方法であると私は思っています。ですから、欧米方式の無償却とその減損会計なんて、とんでもないことだと思います。

経理・財務処理の方法を選択する際のベースとなる考え方は、人間(ひと)の生き方と同じで、「保守性の原則」「安全性の原則」にあるのです。

安全性を重視する、この保守主義の考え方が、自己規律の考え方の下支えになっているのです。

◆内部統制で会社を潰してはならない

いま、どこの会社も内部統制の整備で大騒ぎをしています。

私は、この騒ぎそのものが、大間違いだと思っています。なぜかといえば、内部統制の考え方そのものが、「会社は悪いことをする」という性悪説がベースになっているからです。

発端は、ご存知のとおり、二十一世紀初頭の米エンロン、ワールドコムの事件です。この二つの会社は、全米トップテンに入るような巨大企業で、全世界に向けて粉飾を行っていました。大大大大と大が四つもつくようなとんでもない不正です。そういう事件を防がなければならないのでできたのが、米国のSOX法です。

この法律は、サーベンスさんとオックスレーさんの二人が中心となってつくったので、サーベンス・オックスレー法、通称、ＳＯＸ法と呼ばれるようになったのですが、これを日本でもそっくり当てはめなければならないと学者が言い出したのだから大変です。

粉飾決算は、やってはならないことです。でも、日本で行われたものは、エンロン、ワールドコムに比べれば、影響は極めて小さく、いわば大不正です。少なくとも、世界中に影響するようなものではありませんでした。

それを日本では、会社は世界中に影響を及ぼすような大大大大不正をしでかすかもしれないという性悪説で考えて、米国の大大大大ＳＯＸ法を大中小企業に適用しなければならない、としました。これでは、日本の会社の九割以上を占める中小企業は潰れてしまいます。

私は会社の仕事のほとんどは性善説で考えるべきだと思いますが、内部統制ではわずかに性悪説を入れておかなければなりません。その際、大大大大ＳＯＸ法の真似をするのではなく、四分の一くらいの大ＳＯＸ法でいいのです。

当の米国で、中小企業には当面、適用しないことが決まって、二〇〇八年、日本では慌てて「米国流を日本に取り入れたつもりはない」と関係者が弁解をしています。実際の経営を知らない人たちが考えた、というより、アメリカのＳＯＸ法を真似した、とんでもない話です。

米国発サブプライムローン証券化商品問題が、エンロンやワールドコム問題とは比較にならないほどの世界的大事件となっています。サブプライム商品の時価会計にこそ、世界中の超ＳＯＸ法・超内部統制の網をかぶせるべきです。

◆内部統制の要諦はトップにある

では、会社は内部統制をどのようにとらえればよいのでしょうか。

私は、内部統制の要諦はトップにあると考えています。内部統制上の問題や大きな不正は、すべてトップの不正なのです。販売・製造・研究の第一線のビジネスパーソンにまで、どんなに立派な内部統制の体制を整えても、トップが不正をしてはなんにもなりません。

「私は、コンプライアンスを守って、利益を上げます」と、トップが宣言する。それが、いちばん重要なことです。

細かい書類をつくって、販売や製造の現場で働く一人ひとりの監視をするなんて、私から言わせればとんでもない話です。そんなことに巨額の費用をかけても、一円の利益も生み出せません。

トップが宣言して、トップにタガをはめる自己規律。内部統制の要諦は、それにつきるのです。

世の中を騒がせている、偽装事件の数々も、すべてトップの問題です。

議員と官僚も同じです。議員はよく「官僚がよくない」と言いますが、多くの議員に基本的な自己規律がないのです。

議員のお金の使い道を明らかにするために、「領収書は一円からがいいか、五万円からがいいか」などと議論していること事態がおかしいのです。領収書は、世界中どこでも、最低貨幣単位と決まっているのです。日本なら一円というのは、決まりきったことなのです。

もう一つ、内部統制で大事なことは、お金をかけないことです。

不正防止にばかりお金をかけていると、肝心の利益が上がらず、自由主義経済下の国際競争力がなくなります。利益が上がらなくなると、経営者は人件費を少なくしようと考えます。そうすると、従業員が不幸になります。この悪循環を断ち切るために、超過度の内部統制をできるだけ小さくして、会社のコストはできるだけ抑えるべきです。「内部統制の定め」にこそ自己規律(二)が必要です。

第六章　闘う会社の自由と自己規律

◆◆会社は一円の利益を上げるためにある

私が上司から教わったいちばん大事なことは、

「会社は一円六七銭の利益を上げ、一円の純利益（最終利益）を上げるためにある」

ということでした。部下の人にも話しをし、これまで、いろいろな本にも書いてきました。

本書でも述べてきましたが、会社は外からいただいてくるお金ですべてのコスト（税金も含む）を賄って、その後、一円の純利益が残ることが大事です。そのコストの中に従業員の給料もありますから、一円の純利益を上げている限り、従業員は幸せになります。

外からの入金で食べて、外からの入金で遊んで、音楽会へ行って、外からの入金で病院へ行ったり、いろんなことをするのです。これができるのは、会社が利益を上げているからです。

私は三八年間のビジネスマン生活の中で、利益のない会社の不幸を山ほど体験し、見てきました。

若いころ、危ないから助けてほしいという会社に、経理・財務の手伝いに行ったことがあります。かかってくる電話は、ほとんど不渡り手形問題の電話ばかりでした。二カ月も三カ月も、毎日、不渡り手形関連の事務処理に追われる日が続きました。

不渡りを出すと、世間は厳しいものです。とくに銀行員の方も、このときばかりは、いわば悪魔のようになります。

一生懸命手伝ったのですが、ついに倒産と決まったとき、若手の平社員の人が上司であった総務部長の胸ぐらをつかんで、「私の将来をどうしてくれるんだ」とネクタイを締め上げました。

この人は、奥さんと小さな子どもと三人で、会社の社宅に住んでいました。「会社が潰れたから一カ月以内に社宅を出て行くように」と、乗り込んできた人に言われて、戸惑い、激昂し、その矛先が上司に向かったのです。上司だって、会社が潰れてしまったのですから、今後の生活の保障はありません。

一円の利益が出せないというのは、そういうことです。

「利益の出せない会社は悪である」と、松下幸之助さんはおっしゃったそうですが、私はまさにそのとおりだと思います。

一円の利益の大切さは、大企業よりも中小企業、零細企業の経営者の方が実感しておられます。個人事業のお店の店主さんであれば、さらに切実でしょう。

どんなに会社が大きくなろうと、この気持ちをトップから新入社員まで、忘れずにいられる会社が、よい会社であり、生き残っていく会社であると私は確信しています。

◆利益を上げるためにやっていいことと、悪いこと

会社は一円の利益を上げることが大事ですが、そのためには何をやってもいいのではありません。最低限、守るべきことは法律です。このことだけを徹底していれば、私はそれでよいと思います。

さらに付け加えるとすれば、「常識」を働かせることですが、これはあえてあまり言いたくありません。また、倫理観などを持ち出すと、目的がわからなくなってしまいます。

たとえば、いま、ここにある商品があったとします。

「この商品をほしがる人がいる限り、高く売りたい」

私の師匠である社長は、そう言いました。

最初、そのことばを聞いたとき、私は少し抵抗を感じました。

しかし、いま、この歳になってみると、「それでいいのだ。それが自由主義の基本なのだ」とつくづく思うようになりました。コンプライアンスはしっかり守りつつ。

「遠慮して安くする」ほうが間違っているのです。

誰でも、売るほうは徹底的に高く売りたいし、買うほうは徹底的に安く買いたいのです。そこでビジネスは成り立っています。

そのとき双方が何を考えているかといえば、「自分がいちばん大事」ということです。お互いにそう思いながら生きている、ということを知ることが大事です。

アダム・スミスは、『国富論』の中で、これを「神の見えざる手」と言いました。見えないところで神の手が動いて、需要と供給のバランスが取れている、と。

どれだけ高くても、それをほしがる人がいればそれだけの価値があるし、どんなに安くても、それをほしがる人がいなければ、それだけの価値がないのです。これが、自由主義・資本主義の世界におけるビジネスの基本です。

アダム・スミスは、「自己規律」については言っていませんが、ここに「コンプライアンス（法令遵守）」が入れば、それがビジネスの基本ルールです。

◆◆数字の前に人を見る

ただし、利益を出すために「人を切る」のはルール違反です。利益の追求は、もっと根本的なところから行われなければなりません。もちろん、会社が潰れないためにやむなくリストラしなければならないこともあります。私もそういう辛い経験を一度だけしました。しかし、それはやむなく行う、経営者としては最後の最後に下すべき苦渋の決断です。

そうではなくて、まずリストラありきで、リストラから入った利益の追求は失敗します。人よりも数字を先に見ているような会社は、一時はうまくいくかもしれませんが、長い目で見るとうまくいきません。

もう一つ、例をお話しましょう。

私はビジネスマン時代、何百件という国内・国際的M&Aに参画しましたが、中には赤字を抱えた研究開発会社を買収したこともありました。

普通なら、「儲かっていない会社を買収して何の得があるのか?」と思われるかもしれません。

しかし、その会社がすばらしい研究者と技術をもっていて、販売の力が弱く、赤字になっているなら、M&Aによって買収したあと、わが社と共に販売力をつけることで、大きな利益を上げる会社に変われたのです。

技術力や販売力とは、人の力です。

やはり利益(お金)の前に人があることを、忘れてはならないのです。

◆会社の目標は、人を大事にしての利益の最大化である

「あなたのふるさとの会社は利益を上げすぎだ」

私の以前、所属していた会社について、知人からこう言われたことがあります。

私は、すでにOBなので、叱られる筋合いではないのですが「利益をたくさん上げると周囲から嫉妬を買うのだなぁ」と、私はこの一件で、改めて思いました。

利益を上げることは決して悪いことではないはずなのに、やはり人間、人の不幸は蜜の味だし、その逆の人の幸福はなんだかしゃくに障るのです。

しかし、人間（ひと）を大事にしつつ、利益の最大化を目指すのが会社という組織です。

小額でも利益を上げていることは立派です。そして、利益はできるだけ大きいほどいいと私は思っています。

「これだけ利益があるのだからもういいや」と、安心してしまった途端に、落とし穴が待ち受けています。

そして、利益を上げられなければ、従業員は間違いなく不幸になります。

最近、「品格」ということばがよく取り上げられますが、会社は品格を考える必要はないと私は思っています。

前に述べたように、「法律を守って、利益を上げる」ことだけを、追求すればいいのです。

利益があるから、会社は、①正確、②迅速、③誠実であることができます。もしも会社に品格があるとすれば、「正確」「迅速」「誠実」を実行できる会社であり、「正確」「迅速」「誠実」の三つを実行できない会社は、品格のある会社とは言えないのです。

◆法律を味方につける

正確・迅速・誠実であるためには、法律を味方につけることです。

法律を学んで実行しようとすれば、必ず道は拓けます。だから、法律は必ず学ばなければなりません。ここで、ずうずうしくも、皆さまにおすすめしたい本があります。それは、『株式会社はどこへ行くのか』（日本経済新聞出版社）で、上村達男早稲田大学法学部長と私の対談共著本です。上村氏の理論が少し難しいので、私にもよくわからないところがありますが、人間をお金より大切にする本です。

法律を学ぶとき大事なのは、条文を一生懸命覚えるのではなく、その精神を理解することです。精神というと難しそうに思えますが、要は「何のための法律か？」をつねに考えます。どんな法律も、もともとは「人間の幸せのため」につくられているのです。

これは「市民社会の常識」にあたる部分です。だから本当は、法律よりも常識が大事なのです。

内部統制で言えば、文書をいろいろ揃えて紙を山ほど保存することが大事なのではなくて、社長をはじめとした経営陣が法律違反をせず、正確・迅速・誠実な会社にすることが大事なのです。

それを考えずに、米国流の内部統制をほぼそのまま導入したのでは、石油をはじめ資源がない日本という国そのものが、内部統制のコストによって押しつぶされてしまうでしょう。

◆トラブルが起こったら

会社でトラブルが発生したら、とにかく正直に発表すべきです。ここで、妙な言い訳でもしようものなら、一発で世の中からアウトを言い渡されます。

製品へのクレームに対する誠意ある対応を徹底的に行って、逆によい評価を獲得した会社もありました。でも、もし情報を小出しにすると、状況は悪くなります。結局は損をして、会社も傾き、従業員が不幸な目にあってしまいます。

現役時代、あるお客さまに対してだけ、商品が適合しないことがあり、クレームが来たことがありました。

係長、課長が対応しているレベルでも、真っ先に動き出したのは社長でした。「製品の性格はよくわからないけれども、すぐに再発防止策を実施します。そして、謝ることならいくらでもします」と言って、いのいちばんに社長がお客さまのところに謝りに行ったのです。

そうすると、部長や役員が慌てて、「われわれも行きます」となったのです。

まさに、謝るのも率先垂範という自己規律です。

会社にとって経済的に見て何か辛いことが起こったとき、経営トップにいちばん問われるのは、「個人としてお金にきれいであるか、どうか」です。これが、すべての基本になります。自分の個人利益につながっているかどうか、会社の中での地位が高ければ高いほど、この点が重要になるのです。

◆契約力を高める

これからの会社で非常に重要になるのが、「折衝力で自分に有利な契約を結ぶ力」です。

日本の会社は、契約にあまり慣れていませんが、国際ビジネスの現場では、この「契約力」が大きくものをいいます。

契約は、一度交わしたら、決して破ってはならないルールです。だから、できるだけ自社の有利になるように、真剣勝負でぶつかり合います。

三十七歳のころ、M&Aに参画して台湾に出張したときの話です。

「契約違反があれば、台北と東京の地方裁判所に訴え出て訴訟を起こす」と記載した契約書を相手方に示したところ、「とんでもない！」という反応が返ってきました。

「先進国の日本のビジネスマンがこんなことを書くなんて。こんなひどい契約にはサインできない」と、突っぱねられたのです。

ホテルに帰り、日本に電話をして、私たちのつくった原案を告げると、「それは子どものような契約だ」と経理・財務部長に一喝されました。

「国際ビジネスでは、そんな契約は通用しない。これから私が言うとおりに契約書をつくり直せ」

部長が電話口で告げる文面を聞いて、私はびっくりしました。

「『相手方が違反をした場合、裁判を経ずして、わが社が査定した損害額を直ちに支払うこと』という契約にするように」と、言うのです。

私は裁判にかけたほうがいいのではないかと思いましたが、部長命令ですから拒否できません。

「屈辱的な契約だ」

相手は、怒りをあらわにしました。先進国の会社が、途上国の会社に無理難題を押し付けている、と。

「あなたはそもそも契約違反をするつもりなのですか。それとも違反するつもりはないのですか？」

同行した私より七歳も年下の人が、相手にそう問いただしました。

「もちろんない」

と、相手は答えます。

すかさず、彼は切り返しました。

「契約違反をしないと言うのなら、この契約にサインしてもいいではないですか。それがリーズナブルなのではありませんか」

このやり取りを聞いて、私は国際事業本部所属のこの人に対する尊敬を一挙に高めました。

結局、この契約書を交わすことになりましたが、最後に相手は次のように私に言いました。

「こんな契約をあなたたちが考え付くはずがない。あなた方の後ろにいる方（実は経理・財務部長）にお伝えください。台湾においでになったら、お気をつけになるように」

ビジネスの契約は、世界中共通です。自分勝手に自分だけがかわいいということを基本に置かなければ負けてしまいます。相手もそうなのですから、絶対相手に負けまいと思って臨まなければなりません。そのあたりが私を含めて日本人は自分をかわいがる力が中途半端だから、負けてしまうのです。

契約で肝心なのは最初です。いちばん最初、契約の折衝に入ったときが、まず勝負なのです。絶対に負けまいという気持ちで始めなければなりません。

その後も、海外で契約をしなければならない経験を何度もしました。

私は英語がからきしできないので、「私は英語ができませんから、これはやっぱり国際的な人にお願いできないですか」と尻込みしたことがあります。

しかし、「いや、君の地位では君の責任でやらなきゃならないんだ。教えてやる」と社長に言われたら、やるしかありません。

「まず、君は責任者としてアメリカへ行ったらひと言もしゃべらないように。そして、サイマル・インターナショナルの最高の通訳と、最高ランクの米国弁護士を雇いなさい。最高の専門家二人を従えて、最高の弁護士が言ったことを、君が会社の立場でかみ砕いて言って、それを通訳に訳してもらえばいいのだ」

契約力の基は、一歩も引かない、絶対に負けないという気迫と、一流の専門家を一〇〇パーセント使いこなすこと、から生まれるのです。

◆◆会社が存在し続けるために

人間の幸せということを考えれば、会社は潰れることなく、存続していかなければなりません。

そのために必要なことは、たった二つ、「利益追求」と「まじめさ」です。

まじめさとは、たとえば、社長であっても従業員の気持ちを忘れない、平社員であっても経営者の気持ちを持つことです。会社の中にいるすべての人が、株主兼社長兼従業員の気持ちで仕事ができれば、こんなにすばらしい会社はありません。

そうした気持ちにみんなが近づこうとすることが、まじめさへの第一歩であり、利益追求への最短距離であると私は思います。

社長になったとたんに、従業員であったときの気持ちを忘れて、率先垂範を忘れ、社長という立場だけで威張り始めるのは論外です。

日本の上場企業の社長のほとんどは、サラリーマン社長です。

だから、できる社長は、新入社員の仕事から社長の仕事まで、なんでもできます。コピー取りもお客さまからの電話の対応でも、社長が会社でいちばんできます。それが、本当にまじめな社長、できる社長です。

そこで旗印にするのが、「利益追求」です。

組織には旗印が必要です。会社という組織は利益追求という大義名分を掲げます。だから、組織としては統括しやすいし、ある意味ラクなのです。「利益追求」するから会社は品がないとか、「利益追求」するから会社は信用できない、と勘ぐるのは、株主兼社長兼従業員という気持ちを持てない人です。「利益追求」するからこそ、会社は世の中からその存続が認められているのです。そうした企業のことを、経理・財務のことばでは、「継続企業（ゴーイング・コンサーン）」と言います。

◆◆自分を律する人は自分をサイコーにかわいがる

私は、とてもかなわないと思うような七人の社長に仕えましたが、世の中の会社の社長になる人すべてが、特別に立派な人ではないと思います。

六十歳になるころまでは、そんなことを思うことはありませんでしたが、会社を辞めて、経済・経営を評論する立場になると、そのように思うようになったのです。

何か事が起こったとき、躊躇なく「すべて私の責任です」とキッパリと言い切れる社長は、そうそういるものではありません。それも、ただことばで責任を認めるだけではなく、自分の減俸を早々に決め、誰よりも早く現場に出向き、関係者に頭を下げて歩ける社長です。

これが、自己を上手に律することのできる、つまり自分をサイコーにかわいがれる自己規律をもった社長の好例です。

会社の大小を問わず、トップは「自分をサイコーにかわいがる人」つまり、「自分を律する力がある人（自己規律がある人）」であってほしいのです。

自分をサイコーにかわいがることは、とても大変ですが、そうでなければ会社も従業員も不幸になってしまいます。

エンロンやワールドコムも、トップが「何でもいいから儲けるんだ」と言うと、みんなイエスマンになってしまいました。サブプライムローン問題を起こした会社でも、おそらく同様のことが起きていたと思います。

これが、米国ビジネススクール流の「人間を考える前に数字（お金）を大事にしてしまう企業経営」です。こういうトップは、会社を潰してしまいます。

◆◆多くの人に見られていることが大事

市場は資本主義のいちばん元になる仕組みです。

買いたいと思う人（需要）と、売りたいと思う人（供給）が出会う場が市場です。魚河岸では魚が売買され、青物市場では青果が売買され、株式市場では会社の株式が売買されています。

売買する人は、本当に値段に見合う価値があるかどうかを、真剣に観察します。それは、魚も野菜も会社株式も同じです。

会社（の株式）を売買しようとする人は、有価証券報告書を見たり、経営者を見たり、従業員一人ひとりを見たりして、会社の価値を考えます。

株式市場では毎日、小さな無数のM&A（株式の売買）が行われていて、世界中の投資家が会社を見ています。

たくさんの人が見ているということが、市場では非常に大事なのです。サッカーの試合は、明るい太陽の光やスタジアムライツを浴びながら、多くの人が見る中で行われます。誰も見ていない、真っ暗なところで試合をして、「一対一〇でした」と言われて納得するファンはいないでしょう。それでは、面白くもなんともありません。

市場は、みんなが見守る、太陽の光、あるいはスタジアムライツに照らされた明るいサッカースタジアムです。

明るいところで多くの人に見られているから、株式会社は姿勢を正します。株主に報いるためには、どうすればよいかを考えて、一生懸命利益を上げて企業価値を高めようとします。

市場は、「自由と自己規律」で試合が行われるスタジアムなのです。

日本の古くからある生命保険会社は相互会社ですが、株式会社への変更を検討する会社が出てきています。

いろいろと理由はあるでしょうが、不透明なところで追い込まれたために、株式会社へ変更して、コーポレート・ガバナンス（企業統治）を保とうとしています。

相互会社には、株主はいません。保険料を支払った全員が出資者という考え方で、市場でみんなに見られている株式会社とは異なります。

保険会社は、契約者のことを社員と呼びます。会社法で決められた株式会社の「社員」とは株主のことです。株式会社は株主総会がありますが、相互会社では「社員」全員を集められないので、「社員総代」を選んで社員総代会を開きます。そこで、役員を選んだりするのですが、「社員総代」を選んでいるのは、実は会社なのです。

事実、私は課長のころ、社長に呼ばれて「保険会社が社員総代を出してほしいと言っているので、あなたがなってください」と言われたことがあります。私は、保険会社の希望する年齢の幅に入っていなかったので、別の人が総代になりましたが、会社が指定した人も集まって総会を開いているのですから驚きです。

相互会社は相互扶助の精神でつくられ、「利益は株主ではなく契約者に返しましょう」ということになっているはずなのに、保険金を払わないのでは、相互扶助はありません。

やはり、株主がいて市場のある株式会社のほうが自己規律が効きやすいのです。

◆◆数字でよしあしははかれない

第二章で、ハガキの一枚でも、ご祝儀袋の一枚でも、会社のものを私用に使ってはならない、と言われたことを述べました。一円をバカにしてはならないというお話もしました。

数字の大小でよりあしをはかってはいけない、というのはことばでは簡単だし、正しいことです。

しかし、これが実はとても難しいことなのです。

会社のよしあしは、よく数字で判断されます。売上や利益だけでなく、いまではキャッシュフローや、純資産、そして株式の時価総額や企業価値のほか、もっと複雑な経営指標がたくさん出てきます。ところが不思議と、会社の納税額はあまり取りざたされることがありません。

二〇〇七年の秋、日本経済新聞で一〇年間の利益と納税額の統計をとって順位を発表しました。これを見ると、銀行は史上最高益を上げながら、税金をほとんど払っていません。公的資金まで投入してもらいながら、何年も赤字で税金を払わなかった上に、利益は最高でも以前の赤字がたまっているので、ほとんど税金を払っていません。

トヨタのように大きくて儲かっている会社は、当然、たくさん税金を納めていますし、小さくても努力して儲けて、税金を立派に納めている会社もたくさんあります。そうした小中大の会社をある程度公平に比較するには、従業員一人当たりの納税額を出してみるとよいと思うのです。

税金を払っているかどうかは、会社にとって非常に大事です。利益だけではなく、ぜひ従業員一人当たり納税額をもっと評価してもらいたいと思います。

そもそも会社のよしあしは数字の大小ではかることはできないのです。会社というのは組織です。組織をつくっているのは人です。人は会社の最大の財産です。

私はいつも申し上げているのですが、会社の最大の財産である「人」は、会社の財産の状況をあらわすバランスシートには載らないのです。牛や馬を飼っていれば、バランスシートの資産に載りますが、人間だけは絶対に載りません。載せてしまったら人身売買になってしまいます。

会社を見るとき、「人間（ひと）をとるか、ファイナンス（お金）をとるか」という議論があります。これは、圧倒的に「人間（ひと）」をとるべきです。人はお金を生み出しますが、お金が人を生み出すことはないのです。

第七章　自由（九）で自己規律（一）ある生活を送りたい

◆自由の根幹を支えるものとサブプライム問題

私は自由主義の世の中が好きですし、自分をとことんかわいがることはもっと好きです。徹底的に自分のためを考えて、自分をかわいがり抜いて、ちょっと気持ちに余裕があったら、最後のところでほんの少しだけ他人のことを考えます。それが、経営の根幹ですし、自由主義経済の大本です。

これが揺らいでしまっては、経済も経営もおかしくなってしまいます。

米国サブプライムローンの証券化商品問題が大きな波紋を広げ、私は「自由と自己規律」の大事さを、改めて実感しました。

世界中でどれだけの損が発生するかわからない、どうすればいいのか誰もわからない。そんなことが世の中に起きるなんて、とんでもない話です。国際会計基準に基づいて時価評価しようとしても、どこにその商品がいくらあるかも、その価額も、わからない。このミクロ経済（学的）問題がマクロ経済（学）にも襲いかかったのです。

何ごとも「数量×単価＝金額」ですが、サブプライム問題は、「数量」も「単価」もわからないので、「金額」もわからないのです。これが、大問題です。それで、「欧米市場主義」「（現状）改革」を目指している経済学者、会計学者も「私はわからない」と言って、皆逃げ出してしまっています。

これは、会計の世界では、「時価会計の世界最大の問題」です。

二〇〇七年八月に、イギリスの銀行が危なくなり取り立て騒ぎが起こり、中央銀行がお金を出して銀行の資本を増強をしました。

さらに、二〇〇七年末には、米シティグループが巨額の損失を出し、アブダビ投資庁が出資し資本増強をしました。

二〇〇八年に入ると、世界金融界のトップクラスのメリルリンチ、モルガン・スタンレーなども巨額損失を公表し、中東やアジアの政府系ファンドが緊急出資を行いました。

二〇〇八年の年初から、世界中の株価が大幅に下がり、米連銀は自国の自分勝手で自己規律のない人々の引き起こした問題を少しでも沈めようと金利引下げを行いましたが、大きな効果は見られません。わが国の日銀にいたっては、何の手を打つこともできません。

世界中の金融機関からは、報道されてきたものとは、また別のもっと大きな損失が出てきて、自己資本比率が下がり、いつまでたっても、どれだけ損があるのか、またはないのかがわからず、世界中がウロウロするばかりです。

責任ある立場の人は、たとえどんなに小さなことでも考えて、実行に移さなければなりません。それを放置するのでは、〇・〇一パーセントの自己規律もないと言わざるを得ないのです。

誰にもわからないことを世の中に起こさないためには、そもそも、わけのわからない証券化商品をつくり出して販売してはならないのです。これを放置した、経済学者や政治家が、この原因と解決法を何も示さず、ただ手をこまねいて見ているだけでは、「資本主義・自由主義は危ない」と私は考えています。

自分をとことんかわいがれない、無責任な人たちの行動によって、自由主義経済の根幹が脅かされようとしているのです。

私たちはいま、もっと現実を見て、「自由主義の一部に重大な欠陥があること」を、しっかり認識し、それを皆で確認し合うべきなのです。そうでなければ、同じ間違いが、再び繰り返されてしまいます。いま（二〇〇八年三月）こそ、世界中の人々が、本気で「自由と自己規律」に向かい合うべきときです。

間違っても「一九九〇年代の日本の金融危機時の教訓を生かせ」という言葉だけに頼る甘い考え方をとるべきではない、と考えます。

グローバルに伝染するサブプライム・ウィルスは、米国が「自己規律ある国際責任を表明する」ところから入って、世界中で協力してウィルスの根絶と予防法を完全に確立することが必要です。私はこの「ワクチン（vaccine）は自己規律である」と考えています

◆仕事と家庭の自己規律

ワークライフ・バランスということばを、しばしば耳にするようになりました。日本人は働きすぎで、仕事と個人の生活のバランスがとれていないから、もっとバランスのとれた働き方を目指そうというものです。

確かに、私などは働きすぎの典型でした。前にもお話したとおり、子どもの運動会にまで会社の仕事を持ち込んでいたのですから。

でも、会社の仕事を持ち込んでも、子どもたちと一緒にお弁当を食べて、子どもが走るときはしっかり応援しました。

入社したてのころは、給料も十分ではありませんでした。同業の中でも給料は最下位で、結婚しても家内が塾教師のアルバイトをしながら、爪に火をともすような生活をしながら二人の子どもを育ててきました。

人生の楽しみとか、仕事のやりがいなどとはほど遠く、とにかく家庭を守るために給料をもらってくるのが仕事だと思っていました。考えていたのは、それだけでした。

ゴルフも三年で辞めました。時間がないということもありましたが、いちばんの理由はお金がなかったからです。

しかし、いまになって思えば、お金がないことが幸いでした。お金がない中で過ごしたから、子どももなんとか育ち、なんとかやっているのだと思います。それは、私共夫婦にしても同様です。

お金がなかったからお金の大切さを感じたと思うし、お金がなかったから働くことの大事さを感じることもできたと思うのです。

女性も男性といっしょに働いていかなければならないと思うし、そういう姿を実際に目にして娘は教師の道を選びました。

私は給料を持って帰るのが仕事だと思って働き続け、幸いにもこの歳までなんとか生きてきましたが、人間、いつ何が起こるかわかりません。

東大の先生がある本で、「女性も自分で働いて、ご主人が亡くなっても子どもを育てられるだけの力を持っていたほうがいい」と書いていましたが、私もそのとおりだと思います。

仕事とは生活そのものなのです。それを考えると、私などは恵まれすぎていました。少しでも文句を言ったら「罰《ばち》があたる」と、自分で思いました。

願わくは、職がなく寝場所もないような若い人たちがいなくなり、みんな小中大の組織に入って、そこで修行することで安定した生活を得てもらいたい。自分の能力を高めるとか、自己実現するといった高度な欲求も大事だけれども、人間が人間として生きていくためのベースを、みんなで大事にしていくような社会にしたいのです。

いまではどこの会社でも派遣社員の方々が活躍しています。正社員の人と同じ仕事をしていて、派遣社員の人のほうが優秀だということも珍しくありません。でも、給料は正社員のほうがずっと高いというのでは、仕事の内容や労働市場を考えると絶対におかしいのです。

家庭を考えれば、安定的にお金をもらってくることが大事です。組織に正社員として所属していれば、病気になって一カ月会社を休んでもなんとか普通に給料がもらえます。長期療養が必要になって何カ月も休んでも、何割かの給料はもらえます。これは、本当に幸せなことです。

現在、正社員として働いている人は当然の権利だと思っているかもしれませんが、会社勤めをしていなければ、一日一日、一時間一時間働かなければお金はもらえません。

組織に属すると、嫌なことはたくさんあります。とんでもない上司もいます。会社組織は冷たいものです。しかし、それでも、常勤はありがたい。ビジネスパーソンはありがたい。そのことを、恵まれた多くの人たちに心から知ってもらいたいのです。

◆自由と自己規律の「社交ダンス」

「フェアで自己規律ある社会をつくる素は社交ダンスにあり」

これは、私の持論です。

日本には、なぜか「ダンスは軟弱」「はしたない」といった意識があります。少し前まで、社交ダンスは風俗営業法で規制されていました。法律は改正されましたが、ダンスへの偏見はいまだ変わっていません。

いまから三〇年以上前、社長のかばん持ちも務めながら米国でM&Aに参画したとき、買収される会社の社員が主催する仮装パーティに招かれました。私はダンスなんて踊れないからどうしようかと困り、社長に相談しました。

「参加することが大事です。何でもいいから踊ってきなさい」と言われ、私は一人参加しました。会場では、斜め前後にただ揺れていただけだったのですが、皆さん、とても歓迎してくれました。相手の会社の空気に溶け込めたという実感があったのです。

あまりに仕事漬けの私を心配してか、家内から公民館ダンスのチラシ手渡され、恐る恐る公民館の初心者講習会に参加しました。そして、ダンス教室に出かけていったのは、それから三年以上たった五十六歳のときでした。

人間の本能にはいちばん基本的な食欲があって、その次に三つの本能があると私は考えています。音、踊り、そして男女の接触です。つまり、社交ダンスは人間の本能そのものなのです。

映画『シャル・ウイ・ダンス?』の公開や、芸能人がダンスの特訓をして競い合うテレビ番組などによって、少しはよくなりましたが、日本は社交ダンスでは世界一遅れています。

中国でも、ダンスは非常に盛んで、朝から公園でもたくさんの人が踊っています。日本でも上流階級の人たち、たとえば皇族の人たちはダンスを踊っています。

ところが、一般の日本人は、どこかでダンスを日陰者のように思っている部分があります。

本能に従って動くことを、恥ずかしいことだと思うのかもしれません。しかし、人間の本能を開放することは断じて恥ずかしいことではありません。これこそが自由です。さらに、明るいライトの下でみんなが見ている前で、男性と女性が手を握り、正しい姿勢で組んで堂々と踊るのですから、これは、自己規律あるフェアな社会の基であると思います。

ダンスは教養であり、常識です。それが、自由と自己規律のある調和のとれた市民社会をつくっていきます。ダンスを踊ることは、「ときめきを感じる自由」と「凛とした自己規律」を守ることに通じるのです。

◆◆身近なところにお手本を

高校の同級生の中に、松村寿君という友人がいました。彼の家に遊びに行くと、離れの庵のような一〇畳一間くらいの部屋に、彼のおじいさんがいつも一人で座っていました。松村謙三氏という政治家でした。

お目にかかったとき、子どもながらに、すばらしいなと思いました。後から知ったのですが、日中国交回復に尽力した人で、政界では有名な人でした。

清貧ということばがぴったりの人でした。身ぎれいで、お金には縁のない人でした。

社会に出て三〇年くらい経ってからは、イトーヨーカドーの創業者でセブン・アンド・アイ・ホールディングス名誉会長の伊藤雅俊さんがかわいがってくださり、いろいろ教えてくださいました。そして、『人を不幸にする会社・幸福にする会社』（ＰＨＰ研究所）という対談共著本も上梓させていただきました。

「自分は会長になっているけども、入社式に出て、六〇〇人の新入社員の人たちの顔を見ると、この人たちが定年になるまで責任をもって雇用を確保しなければならないと思うと寒気がする。そんなことはできないいんじゃないかとびくついている」と、ご著書に書かれていました。

こういうところから入るのは、やはりすごい方だと思いました。

セブン・アンド・アイ・ホールディングスは世界中に店舗を展開していますが、お金を長いこと寝かせないために、全部借地です。一坪たりとも土地を買っていません。これも、すばらしい自己規律です。

こうしたトップの自己規律が、従業員の雇用を守り、株主の利益につながっていくのだと教えていただいたのでした。

◆◆「未成年の子どもに説明できるか?」と考える

いろいろな問題が起こって、日本は悪化している面もありますが、世界を歩いてみるとまだまだ日本はすばらしい国だと思います。

世界中の大きな問題は、イデオロギーの他に、宗教の問題が関係しています。日本は無宗教だし、自分の国の首相の悪口を言っても逮捕されることはありません。自由ないい国です。

しかし、いろいろな問題が噴出してくる中で、私たちは少し立ち止まり、考えたほうがいいと思います。常識をベースに、基本に立ち返って考えてみることが大事だと思うのです。

常識とは、ひと言で言えば、「未成年の子どもたちに説明できること」だと思います。

大人は子どもに説明できるようなことをしなければならないし、説明できないことはやってはならない。常識のいちばん最初にあるのは、このことではないでしょうか。

実は数年前まで、そんなことを考えることはほとんどありませんでしたが、孫を前にして、いろいろと話をしようとするとき、子どもに説明できないようなことを大人はしてはならないな、と考えるようになりました。

会計の世界では「科目」のことを「アカウント」と言いますが、アカウントには「説明する」という意味があります。ですから、欧米では、「アカウンタビリティ」(説明責任)ということばを使います。なにかあったら説明できる能力のことです。

企業内でも、部下は上司に、上司は部下に、アカウンタビリティを果たすことが大事です。

家庭でも、学校でも、病院でも、地方自治体も国も同じで、その組織の外部の人々へのアカウンタビリティが大事です。これは、世界中、同じだと思います。

自由主義社会・資本主義社会は、基本的に自由(九)で成り立っています。だから何をやっても自由ですが、それだけでは何もかも野放しになる可能性がありま す。そこで、誰もが納得する自己規律（一）が必要になります。

また、目に見えない自己規律のごくごく一部分が法律になります。法律に書いてないことはＯＫなのかと言えば、そこには法律を上回る常識としての自己規律があります。

私は、こんな考え方を、日本という国で、さらに世界中で、人の生きる一つの道筋にしたいと考えています。

最後に「お願い」でございます。

『この本は、議員・教員・会社員から大学生・高校生までの、多くのビジネスパーソンの方々に、お読みいただきたいと存じます。』

金児昭の主な著作50（著書・編著・共著）

No.	書　名	出　版　社
1	「利益力世界一」をつくったＭ＆Ａ	日本経済新聞出版社
2	株式会社はどこへ行くのか	日本経済新聞出版社
3	ビジネス・ゼミナール　会社「経理・財務」入門	日本経済新聞出版社
4	日経式　おとこの「家計簿」	日本経済新聞社
5	会社をよくする　みんなの「経理・財務」	日本経済新聞社
6	月次決算の進め方	日本経済新聞社
7	Ｍ＆Ａで会社を強くする	日本経済新聞社
8	経営実践講座　教わらなかった会計	日本経済新聞社
9	会計心得	日本経済新聞社
10	経営実践講座　教わらなかった会計　企業会計編	日本経済新聞社
11	経営実践講座　会社の価値を高める会計	日本経済新聞社
12	「連結」の経営	日本経済新聞社
13	入門　強い会社の経理・財務	日本経済新聞社
14	世界一やさしい連結決算	日本経済新聞社
15	これでわっかた財務諸表	日本経済新聞社
16	人を不幸にする会社・幸福にする会社	ＰＨＰ研究所
17	これでわかった！バランスシート	ＰＨＰ研究所
18	これでわかった！連結決算－「会計の達人」が教える入門の入門	ＰＨＰ研究所
19	「できる社長」だけが知っている数字の読み方	ＰＨＰ研究所
20	財務緒表の読み方・活かし方	ＰＨＰ研究所
21	「数字」がわかれば仕事は全部うまくいく	ＰＨＰ研究所
22	もっと早く知っておきたかった「決算書」の読み方	ＰＨＰ研究所
23	もっと早く受けてみたかった「会計の授業」	ＰＨＰ研究所
24	私がほしかったダンス用語集	中経出版
25	金児昭の７人の社長に叱られた！	中経出版
26	リーダーのための簿記の本	中経出版
27	社長！１円の利益が大切です	中経出版
28	英語で読む決算書が面白いほどわかる本	中経出版
29	最新版　図解入門連結決算早わかかり	中経出版
30	幹部のための「会社の経理」に明るくなる本	中経出版
31	これ１冊でできるわかるキャッシュフロー経営の進め方	あさ出版
32	相手の気持ちをちょっと読めば仕事は不思議とうまくいく	あさ出版
33	〔会社の数字〕の意味を知る技術	あさ出版
34	「すぐやる人」になれば仕事はぜんぶうまくいく	あさ出版
35	日本一やさしい英文簿記・会計入門	税務経理協会
36	できる社長の会計力	税務経理協会
37	いつか社長になってほしい人のための「経営と企業会計」	税務経理協会
38	ビジネス漫画　実践！会計入門	宝島社
39	金児昭のいちばんやさしい会計の本	宝島社
40	「この一言」が言える人になれ	三笠書房
41	ちょっと先を見て動きなさい！（訳書）	三笠書房
42	The corporate accounting in Japan	中央経済社
43	楽しく覚える日本史年代「ゴロ合わせ」	中央経済社
44	「見えない小さなこと」で仕事は９割できている	すばる舎
45	おもしろカンタンに会計が学べる本	ビジネス社
46	連結決算入門	東洋経済新報社
47	１つの数字で仕事はすべてうまくいく！	成美堂出版
48	楽しく覚えられるゴロ合わせ英単語	ライオン社
49	企業グループ価値を高める！連結経営と会計実務	税務研究会
50	お父さんの社交ダンス	モダン出版

著者紹介

金児　昭（かねこ・あきら）

経済評論家・経営評論家，信越化学工業顧問，日本ＣＦＯ（最高経理・財務責任者）協会最高顧問。


1936年生まれ。

52年，東京学芸大学附属大泉小・中学卒業。

55年，東京都立大泉高等学校卒業。

61年，東京大学農学部農業経済学科卒業。信越化学工業入社，以来38年間，経理・財務部門の実務一筋。

92～99年，常務取締役（経理・財務，法務，資材関係担当）。

94～97年，公認会計士試験（筆記・口述）試験委員。

98～2000年，金融監督庁（現金融庁）顧問（専門分野「企業会計」）。

96年～，社交ダンス教師有資格者。


98年～，新潟大学経済学部，非常勤講師。大東文化大学経営学部大学院，非常勤講師。一橋大学国際戦略研究科大学院，非常勤講師。早稲田大学大学院ファイナンス研究科，非常勤講師。文京学院大学経営学研究科，教授。早稲田大学大学院商学研究科，客員教授。

95年，平成７年度納税表彰（麹町税務署長表彰）。


著書は，『「利益力世界一」をつくったＭ＆Ａ』『ビジネス・ゼミナール　会社「経理・財務」入門』（日本経済新聞出版社），『できる社長の会計力』（税務経理協会）ほか。本書は101冊目の著作。

著者との契約により検印省略

平成20年４月10日　初版第１刷発行

『自由と自己規律』

著　者	金　児　昭
発行者	大　坪　嘉　春
印刷所	税経印刷株式会社
製本所	株式会社　三森製本所

発行所　東京都新宿区下落合２丁目５番13号　株式会社　**税務経理協会**

郵便番号 161－0033　振替 00190－2－187408　電話(03)3953－3301(編集代表)
FAX(03)3565－3391　(03)3953－3325(営業代表)

URL　http://www.zeikei.co.jp/

乱丁・落丁の場合はお取替えいたします。

© 金児　昭　2008　Printed in Japan

本書の内容の一部又は全部を無断で複写複製（コピー）することは，法律で認められた場合を除き，著者及び出版社の権利侵害となりますので，コピーの必要がある場合は，あらかじめ当社あて許諾を求めて下さい。

ISBN978－4－419－05121－1　C0034